Das Jahrhundert des Körpers

Das Jahrhundert des Körpers

Figürliches Fotografieren

Herausgegeben von William A. Ewing

Musée de l´Elysée, Lausanne

E. A. Seemann Verlag

Für all die Fotografen des 20. Jahrhunderts, die unermüdlich nach neuen Möglichkeiten, den menschlichen Körper abzubilden, suchten.

Das Musée de l'Elysée dankt der AR&J Leenaards Foundation, Lausanne, für ihre großzügige Unterstützung bei dieser Veröffentlichung.

Die Deutsche Bibliothek – CIP-Einheitsaufnahme
Ein Titeldatensatz für diese Publikation ist bei der Deutschen Bibliothek erhältlich.
ISBN 3-363-00747-7

© 2000 Thames and Hudson Ltd, London
Titel der Originalausgabe: The Century of the Body
© der deutschen Ausgabe 2000 by E. A. Seemann Verlag in der Dornier Medienholding GmbH, Berlin

Übersetzung: Berliner Buchwerkstatt, Michael Fröhling
Lektorat: Berliner Buchwerkstatt, Vera Olbricht
Layout & Herstellung: Berliner Buchwerkstatt, Claudia Maas
Umschlaggestaltung: Morian & Bayer-Eynck, Coesfeld
Druck und buchbinderische Verarbeitung:
Polygrafiche Bolis SpA, Italien
Gedruckt auf alterungsbeständigem Papier mit chlorfrei gebleichtem Zellstoff.

Umschlag: **Lois Greenfield**
Amerika, geb. 1949
Morgan Kelly, Arthur Aviles
1994
Gelatine-Silberdruck
© 1994 Lois Greenfield, New York

Seite 2/3: **Olivier Christinat**
Schweiz, geb. 1963
Josephs nus
1997
Gelatine-Silberdruck

Inhalt

Vorwort

Drei nahe liegende Fragen:
Warum der Körper?
Warum die Fotografie?
Warum das Jahrhundert der figürlichen Fotografie?

D a s   n e u e   J a h r t a u s e n d hat unvermeidlich drängende Fragen über die Zukunft unserer Gesellschaft, ja sogar unserer Art, heraufbeschworen, die eine verwirrende Mischung von Hoffnung und Furcht offenbaren. Nachdem wir nunmehr den Schlüssel zu seiner „software" in den Händen halten, haben wir besonders ambivalente Gefühle in Bezug auf die Entwicklungen im Zusammenhang mit unserem Körper. Die Manipulationen des genetisches Codes enthalten die ersehnten Verheißungen eines Lebens ohne Krankheiten, verlängerter Lebenserwartung sowie übermenschlicher Fähigkeiten, sie beschwören aber auch, wie es sich aus der Diskussion über das Klonen von Menschen ergibt, die Angst vor dem möglichen Missbrauch herauf. Wir können aber, so oder so, einer Sache sicher sein: Der Körper des Menschen ist nicht länger ein unwandelbares Wesen, das sich aus seiner Natur heraus, zumindest bis zum nächsten zufälligen Entwicklungsschritt, auf alle Zeit reproduziert. Das Zeitalter der geplanten genetischen Veränderungen des Körpers hat begonnen.

Wir fangen an, den Körper, den wir bewohnen, so zu betrachten wie die Kleider, die wir tragen: wandelbar je nach Klima, Aufgabe, Mode und Laune. Es sind aber nicht einfach nur die Gentechniker, die die Architektur der Körpers verändern, auch physische Techniken werden eingesetzt. Wie das rapide Anwachsen von Schönheitsoperationen zeigt, lassen wir unsere Körper nicht nur aus gesundheitlichen und lebensverlängernden Gründen, sondern auch aus Eitelkeit verändern. Was auch immer das Ziel ist, „aus Fleisch und Blut" wird zunehmend weniger zu einer zutreffenden Beschreibung, woraus unser Körper besteht, da wir nun routinemäßig Teile aus Plastik und Metall, elektromechanische Komponenten und tierische Organe in diese organische „Plattform" einpflanzen und zunehmend fremde Flüssigkeiten durch künstliche Arterien, Venen und Herzklappen pulsieren. Die Technologen haben schon einen Begriff für diese neuen „posthumanen" Lebewesen, die allmählich entstehen: *Cyborgs*, komplexe Hybride aus organischen und elektromechanischen Komponenten. Wer wird denn noch Sexualität benötigen, wenn die Reproduktionstechnologien überlegene Produkte liefern können?
Selbst Intelligenz wird bereits künstlich erzeugt; es ist schon einige Jahre her, dass „Big Blue" von IBM im Schach über seinen menschlichen Gegner triumphiert hat. (Skeptiker sollten beachten, dass lebende Nervenzellen schon erfolgreich in elekronische Schaltkreise eingebaut wurden.) [1]

Von allen Seiten her überredet, unsere Körper als Hightech-Maschinen zu sehen, die regelmäßig besser eingestellt werden müssen und neue Teile benötigen (bei den Sportlern handelt es sich dabei um „Turbolader"), sind wir durchaus schon auf unserem Weg zum Cyborg-Status. Wir erfahren, man erwartet für die Körper unserer Enkel – die neuesten Modelle auf dem Fließband – eine Lebenserwartung von 200 Jahren, vorausgesetzt, ihre Besitzer sind gewillt, den Hohen Priestern der Biotechnologie ihre Seele zu vermachen.

Entsprechen diese Visionen, Träume für manche, Albträume für andere, der Realität oder lassen wir unsere Phantasie die Oberhand über unsere Vernunft gewinnen? Eine Tatsache ist nicht zu leugnen: Der Körper steht im Zentrum unserer Träume und Albträume, weil er auf fundamentale Weise verändert wird. Und genau weil er von den Technikern *neu zusammengesetzt* wird, wird er von den Künstlern *neu entdeckt*.

Die Fotografie stellt beides sehr deutlich dar: das Neustrukturieren und Überdenken. Im Verlauf des 20. Jahrhunderts wurde im Dienste der Wissenschaften, der Technologie, der Regierungen, der Medizin, des Handels, der Unterhaltung und der Kunst ein immenses Archiv von fotografischen Abbildungen geschaffen. Man bedenke, um nur ein Beispiel zu zitieren, die Rolle der Fotografie zum Zwecke der Dokumentation. In der Medizin wurde die Fotografie umfassend genutzt, um pathologische Befunde, das „Vorher und Nachher" in der wiederherstellenden Chirurgie, die Ergebnisse von Behandlungen sowie die natürliche Struktur und das Funktionieren der Organe und des Gewebes (bis hin zu kleinen Teilen und Prozessen, die das menschliche Auge nicht wahrnehmen kann) aufzuzeichnen. Die Fotografie hatte eine bedeutende Rolle bei der Dokumentation von Missbrauch des menschlichen Körpers. Kein anderes Medium kann (wenn es tatsächlich nicht manipuliert wird) wohl so deutlich und objektiv die verstümmelten und zerstückelten Opfer von Kriegen und Massakern, Unfällen, Verbrechen und Gewalt aufzeigen, sodass der gerichtliche „Beweis" häufig fotografische Beweismittel erfordert. Die Fotografie war ein nicht wegzudenkendes (wenn auch in der Rückschau schon etwas zweifelhaftes) anthropometrisches Gerät in Kriminologie, Soziologie, Anthropologie und der Archäologie. Sie wurde auch in Industrie und Handel genutzt, um die physikalischen Möglichkeiten des Menschen zu erfassen und zu analysieren und die Produkte besser an die körperlichen Notwenigkeiten anzupassen.

Die Fotografie des Körpers erwies sich aber nicht nur als nutzbringend: sie diente auch der Lust. Tanz und Sport haben z. B. in großem Ausmaß von den immer beliebter werdenden Fotoapparaten profitiert. Die heutigen Zeitungen können wir uns ohne den beständigen Strom von dramatischen Sportaufnahmen kaum vorstellen. Die Fotografie war von großem Nutzen für die Gefühle von Liebe und Zuneigung: auf der einen Seite des Spektrums hat die Fotografie von familiären *rites des passage* (Geburten, Heiraten, Geburtstagen und ähnlichem) nahezu industrielle Ausmaße angenommen und auf der anderen Seite stellt die erotische Fotografie (in all ihren Erscheinungsformen von „sanft" bis „hart") sämtliche anderen Formen der Fotoherstellung in den Schatten. Die ungeheure Produktionsmenge der Genres von Schönheits-, Glamour-, Mode- und Werbefotografie – mit einem Wort die Fotografie der Verlockung – steht ihrer lasziven Verwandten kaum nach.

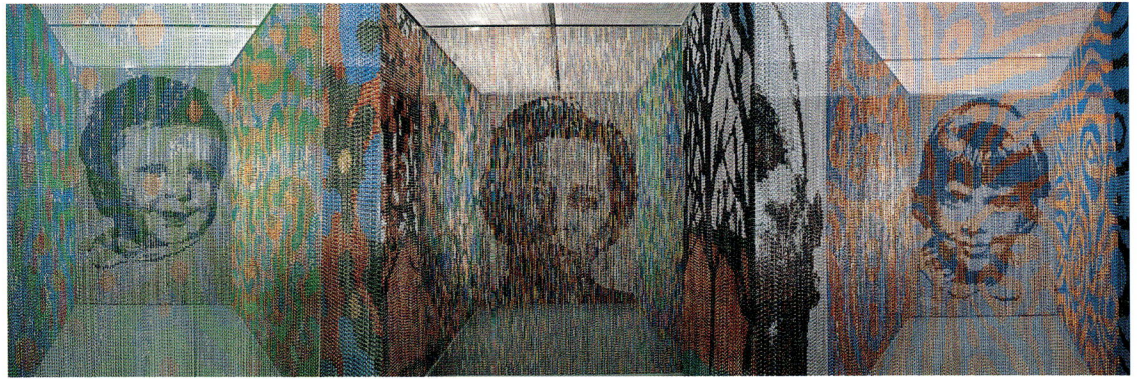

Auch das künstlerische Archiv ist außerordentlich reich. Die Tradition des Aktes ist wohl das stimmigste und bekannteste ästhetische Genre körperorientierter Fotografie, es gibt aber auch andere, in denen der Körper eine bedeutende Rolle spielt: Viele Fotografen, die das Reich der Träume und der Phantasie bevorzugen, stellen ihn in das Zentrum ihrer fruchtbaren Eingebungen. Wie das explosionshafte Aufkommen von Collagen und Fotomontagen zeigt, waren die Zwanziger- und Dreißigerjahre eine für visuelle Einfälle besonders empfängliche Periode. In den Sechzigern und Siebzigern nutzten die Künstler der „Body Art" die Fotografie, um ihre flüchtigen Darstellungen aufzuzeichnen, während die heutigen Installations- und Performance-Künstler sehr genau wissen, dass die Fotografie ein unentbehrliches Dokumentationsmedium bleibt.

Dokumentation, Bildung, Kommunikation, Verlockung, Ausbeutung, Kitzel, Untersuchung und Verherrlichung: Das sind nunmehr die hauptsächlichen Funktionen der Fotografie des Körpers. [2] Als Resultat der unzählbaren Bemühungen der Protagonisten über all diese Disziplinen und Unterdisziplinen sind unsere Achtsamkeit für, unser Wissen über und unsere Einschätzung des eigenen Körpers in den letzten 100 Jahren – wie man fairerweise sagen muss – *exponentiell* angewachsen. Dieses Wissen stammt selbstverständlich aus vielen Quellen, aber es ist zu einem großen Teil der Fotografie zu verdanken, dass wir heute eine weit bessere Ahnung davon haben, wie wir aufgebaut sind und wie wir funktionieren – was uns am Laufen hält – als sich irgendjemand im Jahr 1900 hätte vorstellen können.

Das Jahrhundert des Körpers – Figürliches Fotografieren bietet einen Überblick der vielen Variationen in diesem Archiv des 20. Jahrhunderts.

Die Fotografien in *Das Jahrhundert des Körpers* sind eine Auswahl aus der Ausstellung auf der Culturgest in Lissabon von Oktober 1999 bis Januar 2000 und im *Musée de l'Elysée* in Lausanne bis Ende 2000 (Dort bestand sie aus drei Teilen: „Der Triumph des Fragmentes", „Der Triumph der Form" und „Der Triumph des Körpers"). Dieses Buch enthält 100 repräsentative Abbildungen aus den 500, die in der Ausstellung zu sehen waren.

9

Andrew Sabin
Großbritannien, geb. 1958
Ein Meer voll Sonne
1991–1992
Farbeloxierte Aluminiumkette
mit aufgetragenen Fotos

  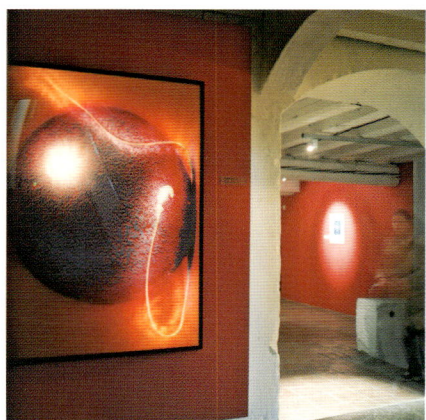

  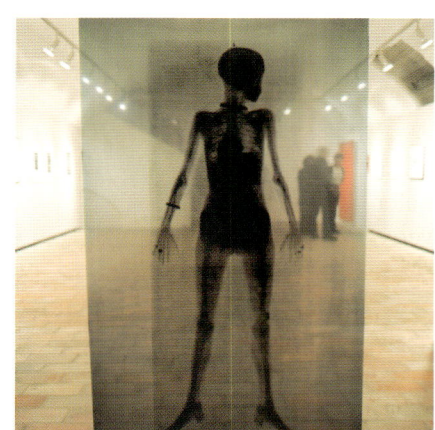

Die Struktur dieses Buches unterscheidet sich von der der Ausstellung dadurch, dass es chronologisch aufgebaut ist und es so dem Leser ermöglicht, die Entwicklung der körperorientierten Fotografie über die vergangenen 100 Jahre zu verfolgen. Die Ausstellung war nach einer anderen Konzeption mit 13 Hauptthemen aufgebaut, die in ihrer Zusammensetzung unerwartete Ähnlichkeiten zwischen den Bildern aufdeckten. Um diese Einsichten nicht zu vermissen, steht im Bildteil dieses Bandes unter jeder Abbildung die Sektion, in der die jeweilige Fotografie in der Ausstellung gezeigt wurde. Die Themen lassen sich kurz, wie folgt, zusammenfassen:

1. *Mikrokosmos:* Mikroskopische Abbildungen aus dem Inneren des Körpers
2. *Der Anblick:* Der meist gesehene oder „öffentliche" Teil des Körpers – das Antlitz mit seinen sehenden Augen
3. *Fleisch:* Der nackte Körper als Gegenstück zum künstlerischen Akt
4. *Erinnerung:* Das Labyrinth des Gehirns
5. *Ikonen:* Der idealisierte Körper; Vorstellungen von Perfektion
6. *Gesten:* Die Sprache des Körpers; Tanz, Sport, Ausschmückung, Body Art
7. *Verlangen:* Sinnlichkeit und Erotik
8. *Form:* Die große Tradition des Aktes: der Körper als Ganzes oder in Fragmenten gesehen, der Körper gesehen als geometrische Form und der Körper als Objekt der Transformation
9. *Schmerz:* Der leidende Körper
10. *Politik:* Der Disput über den Wert und die Bedeutung des Körpers
11. *Forschung:* Der Bereich der wissenschaftlichen Untersuchungen
12. *Fiktion:* Das Reich der Imagination; Traum und Phantasie
13. *Makrokosmos:* Der einzelne menschliche Körper im Verhältnis zum Kosmos

In der heutigen Zeit ist der Körper ein zentrales Anliegen der Wissenschaft und ein heißes Thema für die Kunst. Es ist nicht irgendeine Mode, die den Künstler dahin treibt, sich mit diesem Objekt zu befassen, sondern eine Notwendigkeit, da der natürliche Körper zunehmend technologischen Einwirkungen und emotionalen Schocks ausgesetzt wird. Die Kunst hilft uns zu erkennen, was geschieht, und versetzt uns in die Lage, Entscheidungen für unsere Zukunft zu treffen. Die Fotografie hat sich als ein ebenso unverzichtbares wie fruchtbares Mittel erwiesen, sowohl für die, deren Interessen weitere Erkenntnisse sind, als auch diejenigen, die der Ansicht sind, was wir bisher schon wissen, sei erstaunlich genug.

William A. Ewing
Direktor
Musée de l'Elysée, Lausanne

Yves André
Blicke in die Ausstellung
„Das Jahrhundert der Körper"
Musée de l'Elysée, Lausanne
Februar 2000

Form, Fragment und Fleisch

„Le regard est l'érection de l'œil"

Jean Clair

D i e   A b b i l d u n g e n   d e s   m e n s c h l i c h e n   K ö r p e r s sind einer der reichsten und umfassendsten Bereiche der Fotografie. Bei näherem Hinsehen zeigt sich, dass der größte Teil dieses Schatzes im 20. Jahrhundert entstanden ist – daher das Thema dieses Buches. Es wäre schwierig, etwas Vergleichbares über die ersten 60 Jahre dieses Mediums zusammenzustellen. Die Fotografie des 19. Jahrhunderts nahm sich des Körpers nur zurückhaltend an. Das spiegelt zum großen Teil die allgemeine gesellschaftliche Sicht wider, die leibfeindlich und ängstlich war.[1] Die Unausgereiftheit des Mediums war aber auch ein Hemmnis. Künstler, Wissenschaftler und Fachleute aus vielen anderen Bereichen konnten noch nicht ermessen, in welchem Maße das neue Medium ihnen von Nutzen sein konnte. Sowohl die Methoden als auch die Gerätschaften waren für eine effektive und breitere Nutzung noch nicht weit genug entwickelt. So spielte, um ein Beispiel zu nennen, die Kriegsfotografie während der langen Zeit der Glasplatten-Negative (auch als Nassverfahren bekannt) keine Rolle. Das Präparieren jeder einzelnen Platte, das vor Ort stattzufinden hatte, war einfach zu zeitaufwendig und kompliziert, um dem Fotografen spontanes Arbeiten zu ermöglichen. Dazu kam noch, dass die Platten unmittelbar nach der Aufnahme entwickelt werden mussten. Doch selbst wenn der Fotograf durch einen glücklichen Zufall auf ein dramatisches Ereignis vorbereitet war, hatte er keine Möglichkeit für Momentaufnahmen. Aus diesem Grund verfügen wir über keine historische Dokumentation aus den Kriegen des 19. Jahrhunderts, in denen der menschliche Körper eine bedeutende Rolle spielte, abgesehen von Bildern der Schlachtfelder, *nachdem* das Gemetzel beendet war und die schrecklichen Beweismittel beseitigt oder die Gefallenen für Propaganda- und Abbildungszwecke neu arrangiert waren.[2]

Ähnliche technische Probleme hinderten die Fotografen auch daran, angenehmere Motive festzuhalten wie Tänzer und Sportler in Bewegung. Filme und Objektive waren noch nicht schnell genug und die Blitzlichtfotografie bot, trotz aller mutigen Versuche mit explosiven Materialien, noch keine praktikable Alternative.[3] Aus diesem Grunde stand das Fotografieren mit Stoppblende bei Innenaufnahmen nicht ensthaft zur Debatte. Die Versuche, die Unschärfe zu reduzieren, indem die Objekte für die erforderlichen längeren Belichtungszeiten abgestützt wurden (ein Tänzer wurde manchmal in seiner Pose mit Stricken fixiert und ein Werfer beim Baseball hinter dem Ball, der an einer Leine hing, im Gleichgewicht gehalten), führten zu Abbildungen, die für heutige Augen hölzern und kaum glaubwürdig wirken.[4]

Bert Stern
Amerika, geb. 1962
Marilyn Roses
1962
Gelatine-Silberdruck

Wir müssen uns daran erinnern, dass die Fotografie, als sie 1839 zum ersten Mal in Erscheinung trat, keineswegs ein bildnerisches Vakuum füllte. Sie hatte sicherlich den Reiz des Neuen, aber es existierten schon viele Abbildungen von Tänzern und Sportlern in Aktion oder heroisch kämpfenden Soldaten auf Stichen, Lithografien oder anderen Produkten traditioneller Drucktechniken.[5] Diese alternativen Abbildungstechniken standen auch den Wissenschaftlern zur Verfügung. Den Ärzten erschienen die monochromen Fotografien vom Äußeren und Inneren des menschlichen Körpers im Vergleich zu den ausgearbeiteten und exquisit kolorierten Motiven in Lithografie und Aquatinta recht primitiv und glanzlos. Weil wissenschaftliche Illustrationen seit Jahrhunderten auf Handarbeit beruhten, führte die Tatsache, dass die Rolle der Hand in der Fotografie darauf beschränkt war, nur den Auslöser zu betätigen (so schien es zumindest denen, die es selber noch nicht versucht hatten), zu einer erheblichen Geringschätzung der Fotografie und ihres primitiven Handwerks.[6]

Während die Fotografie als System zur *Herstellung von Bildern* im 19. Jahrhundert letztlich erhebliche Erfolge errang, konnte sie als System zur *Reproduktion von Bildern* kaum mit den gut etablierten Drucktechniken, insbesondere dem Holzschnitt und der Lithografie, konkurrieren. So kamen dann Originalfotos letztlich nur in der Form handgearbeiteter, gravierter Interpretationen auf die Titelblätter der Magazine. Das Zeitalter der fotomechanischen Reproduktion, das äußerst überzeugende Faksimiles von echten Fotos ermöglichte, begann erst zur Jahrhundertwende. Von da an konnten fotografische Abbildungen zu einer Konkurrenz für die etablierten Massenmedien werden.[7]

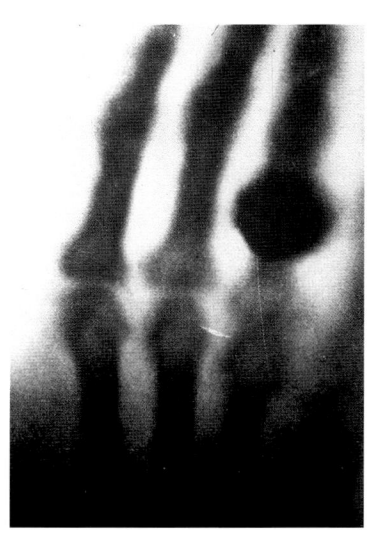

Das heißt jedoch nicht, dass im 19. Jahrhundert keine Versuche gemacht wurden, den Körper zu fotografieren. In der Medizin begannen einige Ärzte mit Fotografien das zu dokumentieren, was sie mit eigenen Augen sahen und Kollegen in anderen Städten mitteilen wollten: orthopädische Probleme, Hautleiden, körperliche Verletzungen und angeborene Deformationen, oft der grässlichsten Art. Fotografien vom Inneren des lebenden Körpers wurden aber erst möglich, als die Kamera mit dem Endoskop, einer Erfindung des 19. Jahrhunderts aus einem System von Spiegeln, verbunden wurde und es so den Ärzten ermöglichte, das Innere der Patienten zu betrachten. Mit dieser Methode konnten primitive Fotografien des Magens, der Harnblase und des Kehlkopfes hergestellt werden.[8] Für die medizinische Forschung und Diagnose war jedoch die Entdeckung der Röntgenstrahlung viel bedeutender. Von da an war es möglich, die Vorgänge im Inneren des lebenden Körpers ohne chirurgische Eingriffe zu untersuchen.

Es ist natürlich auch möglich, Aufnahmen von aus dem Körper entfernten Teilen, die noch eine Zeit lang weiterleben, zu machen. Die Erfindung der Fotografie traf mit dem Interesse für die Zelle als dem entscheidenden Baustein aller Organismen zusammen und die mit dem Mikroskop gekoppelte Kamera erwies sich als sehr wertvoll bei der Erkundung dieser bislang unsichtbaren Reiche.[9]

14

Wilhelm Konrad Röntgen
Deutschland, 1845–1923
Ohne Titel
(Röntgenaufnahme der Hand seiner Frau)
Um 1895
Silber-Halogenit-Röntgenfilm

Ein weiteres Gebiet „des Unsichtbaren" war Ziel der Fotografen: Das Gesicht, das nach der gängigen Meinung der Zeit, der Spiegel der Seele war. [10] Aufgrund ihrer eigenen, einem Spiegel vergleichbaren Funktion schien die Fotografie das perfekte Medium zu sein, die flüchtigen Gesichtsausdrücke festzuhalten und es so den „Physiognomisten" zu ermöglichen, ein komplettes Archiv davon zu erstellen. Darin wurde jeder Ausdruck einem bestimmten Gefühlszustand zugeordnet: Furcht, Freude, Erstaunen und Ähnliches. In Zusammenarbeit mit dem Fotografen Adrien Tournachon hat Guillaume-Benjamin Duchenne de Boulogne wohl den größten Beitrag dazu geliefert. Von der Überzeugung geleitet, alle Emotionen des Menschen seien von Gott gegeben, universal und unveränderlich, begann er mit gründlichen Objektstudien und hielt seine Ergebnisse systematisch mit der Kamera fest. Anstatt das natürliche Erscheinen dieser Emotionen abzuwarten, stimulierte er die entsprechenden Gesichtsmuskeln mit Elektroden. Es ist ihm wohl nie bewusst geworden, dass er mit dieser Methode die vermeintliche Objektivität der Herangehensweise unterminierte und lediglich seine Vorurteile bestätigte. In der heutigen Zeit erscheinen seine 1862 veröffentlichten Bildtafeln mit den vielen Abbildungen, die er „lebendige Anatomie" nannte, nur noch als ein nettes und irregeleitetes Unterfangen, das jedoch wegen der Vorliebe dieser Ära für umfassende Klassifizierungen und der festen Überzeugung, dass die positivistischen Wissenschaften alle Mysterien des Universums zu enthüllen vermögen, durchaus nachzuvollziehen ist. [11]

Vergleichbare Gefühle beseelten andere fotografische Unternehmungen. Wissenschaftler begannen zu untersuchen, welche grundsätzlichen und unveränderbaren Charaktereigenschaften das Gesicht offenbaren konnte. Francis Galton entwickelte zusammengestellte Porträtfotos, um kriminell veranlagte Personen zu identifizieren. Er tat dies, indem er eine Reihe von Gesichtern bekannter Krimineller – Mörder, Diebe und Sexualstraftäter – übereinander auf eine Platte druckte um so typisierende Gesichtszüge herauszufinden. [12] Die Polizeiverwaltungen in einigen europäischen Ländern hielten die Fotografie für eine brauchbare Waffe, um bestimmte individuelle, nicht aber typisierte Täter zu identifizieren. Derartige Verfahren gab es schon vor 1840, aber die differenzierteste Methode wurde von dem Franzosen Alphonse Bertillon entwickelt. Er benutzte die Fotografie für ein ausgeklügeltes System von Messungen der Körperteile. Dazu gehörten auch Fotos des rechten und des linken Kopfprofils aus einer festgelegten Perspektive, die ergänzt wurden durch Anmerkungen zu Kahlheit, Fußlänge und Ohrläppchenform (die er für „ein unveränderbar vererbtes Charakteristikum" hielt). Die Methode von Bertillon bildet die Grundlage der erkennungsdienstlichen Vorgehensweise im 20. Jahrhundert. [13]

Diesem für die Physiognomie charakteristischen Denken entsprachen die Vorstellungen vom Körper als Ganzem. Die Anthropologen waren von dem Thema der Rasse fasziniert und versucht, die erstaunliche Reihe von Völkern, die dem westlichen Menschen als Folge der Entdeckungen, der Kolonisation und des erleichterten Reisens bekannt wurde, zu klassifizieren. Die Europäer waren natürlich davon überzeugt, dass die Weißen die höchste Stufe der evolutionären Entwicklung darstellten und die Schwarzen die niedrigste.[14] Jeder sichtbare Unterschied zwischen diesen beiden wurde daher als Beweis der Überlegenheit angesehen. Die Fotografie bzw. die sogenannte Anthropometrie war eine Untersuchungsmethode, sowohl für die großen körperlichen Unterschiede zwischen den Rassen als auch die eher feinen zwischen den Angehörigen verschiedener Stämme. Anthropologisch orientierte europäische Fotografen haben ausladende „Stammbäume" konstruiert. Der einzig entscheidende Unterschied war, dass die deutschen Wissenschaftler den Kaiser und seine Familie an die Spitze dieser Pyramide stellten, während ihre englischen Kollegen dort Königin Victoria und ihre Sippe platzierten. Dementsprechend findet man die Nacktheit auf den unteren Stufen, da die Eingeborenen der „Natur" vermeintlich näher waren. Je weiter man aufstieg umso mehr wurden die Körper angekleidet, bis bei den am „höchsten entwickelten" Leuten nur noch Hände und Gesichter aus der eleganten Kleidung hervorlugten.

Es ist kaum verwunderlich, dass es manchmal schwierig ist, zwischen unverfänglichen anthropologischen Absichten und obszönen Interessen zu unterscheiden. Männliche Europäer, aufgewachsen zwischen von Kopf bis Fuß bekleideten Frauen, waren gegenüber den fast nackten eingeborenen afrikanischen Frauen nicht gleichgültig.[15] Die Fotografen um die Mitte des Jahrhunderts hatten schnell verstanden, dass sie ihrer Fotografie ein Mäntelchen von Respektabilität umhängen konnten, wenn sie diese als wissenschaftlich darstellten. Gelegentlich bedeutete das, die Frauen dazu zu bringen, sich auszuziehen und Posen anzunehmen, die als sexuell provozierend verstanden werden konnten.

Die Militärfotografie des 19. Jahrhunderts war mehr mit Porträts von Offizieren und Ansichten von disziplinierten Mannschaftsformationen befasst, als sich mit feindlichen Truppen zu beschäftigen. Die seltenen Aufnahmen, die auf den ersten Blick wie Zeugnisse einer aktiven Kampfhandlung wirken, entpuppen sich im Allgemeinen als Manöverfotos. Auf der anderen Seite des Spektrums der Propaganda hat sich die Werbefotografie sehr zaghaft entwickelt. Der Körper, der männliche oder der weibliche, ist nur selten ein wichtiges Element dieser Bilder, und auch dann nur wenig mehr als ein Kleiderständer, der die nützlichen Funktionen der Unterwäsche demonstriert. In den letzten zehn Jahren des 19. Jahrhunderts kam die „Vorher-Nachher-Fotografie" auf, mit der für angeblich Wunder wirkende Schönheitsmittel geworben wurde. Auch die Gesundheitsapostel sahen in der Fotografie ein nützliches Instrument.[16] Fotografien von halbnackten männlichen Athleten und Bodybuildern wurden in den Sporthallen aufgehängt, auf den populären *cartes de visite* sowie den größeren Karten im Kabinettformat vertrieben und sogar Zigarettenpackungen beigelegt. Nur selten bildeten die Schönheitsapostel Frauen ab, und wenn, dann nur in den damals modernen unkleidsamen und ungesunden Korsetts. Die Modefotografie, wie wir sie kennen – sensibel und elegant umgesetzte Fantasien, die eher an das Gefühl appellieren, als Tatsachen zu zeigen – existierte vor dem 20. Jahrhundert nicht.

Von außerordentlicher Bedeutung für die nachfolgenden Generationen in Kunst und Wissenschaft waren die Sequenzen von Bewegungsstudien der Fotografen Etienne-Jules Marey und Eadweard Muybridge. Diese Studien korrigierten viele Vorstellungen über den menschlichen Bewegungsablauf, indem sie zeigten, wie wir *tatsächlich* gehen, springen, laufen usw. Das Militär hat sich dieses Mediums sehr schnell angenommen, um die Körperhaltungen beim Marschieren, Kriechen und im Ruhezustand zu analysieren und so eine effektivere Lastenverteilung der Ausrüstung zu entwickeln. Vielleicht noch wichtiger, das Werk von Marey und Muybrigde konnte viele davon überzeugen, dass das Auge der Kamera in einer Hinsicht *übermenschlich* war, da es intensiver und viel exakter als das menschliche sehen konnte. Von da an konnten die Kritiker die Fotografie nicht mehr so leicht als einen schwachen Abklatsch der menschlichen Sehweise abtun.

In der Fotografie des 19. Jahrhunderts ging es jedoch nicht nur um Tatsachen und Dokumentation; es gab auch ausreichend Raum für phantastische Ideen. Der erste wirklich nackte Körper, der auf einer Fotografie auftauchte, war der eines ihrer Erfinder, der von Hippolyte Bayard. Der Titel, den er für dieses Selbstbildnis wählte, „Selbstporträt eines ertrunkenen Mannes" war Ausdruck seiner Enttäuschung darüber, dass er übergangen wurde, während seine Rivalen Daguerre und Talbot geradezu mit Ehrungen überschüttet wurden. [17] Dank seines ironischen Titels wird dieses Bild zu Recht als die erste tatsächliche *Inszenierung* in der Fotografie angesehen. Andere traten in seine Fußstapfen. Oscar Gustave Rejlander und Julia Margaret Cameron, um nur zwei der berühmtesten Fotografen zu nennen, komponierten ausgeklügelte Tafelbilder, häufig mit nackten und halbnackten Säuglingen und Kindern, deren Nacktheit sowohl Unschuld als auch gesellschaftliche Unverdorbenheit vermittelte. Diese Genrebilder interessieren uns weniger wegen ihrer offenen Darstellung des Themas als vielmehr wegen dessen, was sie uns über den Umgang mit dem nackten Körper in dieser Ära mitteilen.

Wegen der verwirrenden Aspekte der Nacktheit im Allgemeinen bereitete der kindliche Akt im 19. Jahrhundert viel weniger Probleme als Aktdarstellungen von Erwachsenen. In der frühen Fotografie tauchten zwar Akte auf, aber wie die Bezeichnung *académies* schon deutlich macht, waren nur wenige als eigenständige Kunstwerke gedacht. Diese Arbeiten wurden entweder als Hilfsmittel für Maler und Bildhauer hergestellt (sie waren billiger als Modelle und hielten still) oder sie waren als Pornografie gedacht. Die Ironie dabei ist, dass in *unseren* Augen die Akte, die für Künstler gemacht wurden, häufig *pornografisch wirken* (da sie frank und frei sind) während die Aktstudien, die ausdrücklich zu pornografischen Zwecken hergestellt wurden *künstlerisch wirken* (da sie Gemälde nachahmen, um dem Zorn der Zensoren zu entgehen). [18] Erst in den letzten zehn Jahren des 19. Jahrhunderts konnte

Hippolyte Bayard
Frankreich, 1801 – 1887
Selbstporträt eines ertrunkenen Mannes
1840
Direktes Positiv

sich der Akt, in dem Sinne, wie wir den Begriff heute verstehen, als eine eigenständige ästhetische Tradition entwickeln.

Dies ist das Verdienst einer Gruppe von leidenschaftlichen Amateurfotografen aus wohlhabenden Ländern rund um die Welt, die angetreten waren zu beweisen, dass die Fotografie wirklich Kunst sein konnte. In der Sicht der Piktoralisten, wie sie häufig genannt werden, war ein eleganter Akt, bar aller Erotik, als Beweis dafür anzusehen, dass die Fotografie einen legitimen Anspruch auf den Status der schönen Künste besaß. In unseren Augen wirken die Akte der Piktoralisten schüchtern, affektiert und geradezu geschlechtslos. Die Tatsache jedoch, dass sie Selbstzweck und nicht ein Hilfsmittel für die „wahren" Künstler (das heißt Maler und Bildhauer) waren, ließ sie ihre Ziele erreichen und signalisierte einen entscheidenden Sinneswandel. Darüber hinaus waren die Piktoralisten gut organisiert, veranstalteten ambitionierte nationale und internationale Ausstellungen und veröffentlichten die vollendetsten Beispiele ihrer Werke. Die Kritik befasste sich ernsthaft damit und ästhetische Kategorien wurden öffentlich erörtert. Es entstanden nationale Gesellschaften für Fotografie und Jahresschauen. Der Akt war aber noch immer keine wirklich respektierte Angelegenheit und Landschaften, Stillleben sowie Genreszenen wurde der Vorzug gegeben. Es wird behauptet, die Société Français hätte es bis zum Ende des 19. Jahrhunderts nicht gestattet, Aktstudien in ihren Ausstellungen zu zeigen. Nichtsdestoweniger war die Bühne bereitet für eine wahre Flut von kreativen Bildnissen.[19]

Die ersten Jahrzehnte des 20. Jahrhunderts markieren einen radikalen Umschwung in der Einstellung zum Körper. Die sozialen, politischen, kulturellen und technologischen Gründe sind außerordentlich komplex und eine umfassende Darlegung würde den Rahmen dieser Einleitung sprengen. Auf einige grundsätzliche Faktoren soll dafür aber Bezug genommen werden.

Das Aufkommen von Nudismus und Körperkult, das man überwiegend als eine Reaktion auf die Schrecken einer zunehmend von Maschinen dominierten Gesellschaft sehen kann, bot Männern wie Frauen eine neue Wahrnehmung des körperlichen Wohlbefindens. Medizinische Durchbrüche im Wissen um Krankheiten und rasante Fortschritte in den Behandlungstechniken versprachen für immer mehr Menschen ein gesünderes und längeres Leben. Wegbereiter des modernen Tanzes wie Isadora Duncan und Vaclav Nijinskij favorisierten eine neue Freiheit körperlicher Bewegung und ihre Kunst offenbarte eine neue Fähigkeit, Gefühlszustände durch unkonventionelle Bewegung und Gestik auszudrücken. Die ersten Feministinnen forderten lautstark eine größere gesellschaftliche Rolle für die Frauen und eine menschlichere und weniger „vermännlichte" gesellschaftliche Ordnung. Auch der Erste Weltkrieg veränderte die Wahrnehmung des Körpers und die Menschheit wurde sich der neuen Verwundbarkeit von „Fleisch und Blut" in einer von mächtigen Maschinen zunehmend dominierten Welt bewusst. Modeschöpfer unter

Clarence H. White und Alfred Stieglitz
Amerika, 1871 – 1925 / 1864 – 1946
Torso
1907
Fotogravur, 1909

Führung der französischen Couturiers zogen ihren Nutzen aus dieser Sensibilität und, beeinflusst von der Kunst der Avantgarde – besonders von Kubismus und Konstruktivismus –, begannen sie mit radikalen Neuerungen in der Damenbekleidung und befreiten den weiblichen Körper von den einengenden und wahrlich ungesunden Kleidern.

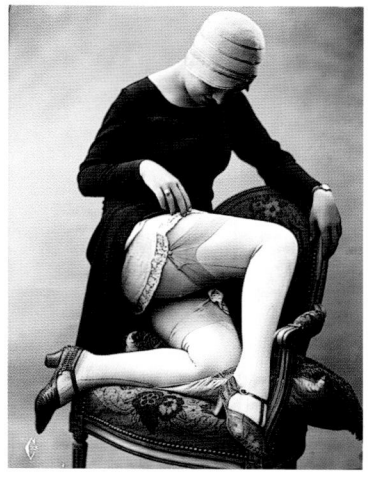

Währenddessen ermöglichten die Erfindung und Verbreitung der Handkameras, bessere Objektive und Filme, künstliche Beleuchtung, hochwertige Fotopapiere und zusätzliche Ausstattung den Fotografen einen viel flexibleren und freieren Umgang mit ihren Motiven. All das führte zu einer neuen Intimität mit dem Körper. Der Aktfotograf konnte näher an den Körper heran, um ihn herumgehen und auf ihn herab- oder zu ihm hinaufblicken. Der Fotojournalist konnte seine winzige Kamera verborgen halten und sein Opfer unbemerkt erwischen. Der Tanzfotograf konnte eines der immer zuverlässigeren Blitzlichtgeräte benutzen, um den Höhepunkt einer Bühnendarbietung einzufangen. Der Sportfotograf konnte fast in den Boxring hinein, um den Augenblick des K. o. festzuhalten. Es entstanden ganz neue Spezialbereiche der Fotografie.

Die Fotografen operierten jedoch nicht in einem Vakuum. Sie waren sich, in sehr unterschiedlichem Maße, der revolutionären Veränderungen bewusst, die um sie herum vorgingen. Ein Fotograf wie der in Russland geborene George Hoyningen-Huene, dessen *métier* die Modefotografie war, war in einer sehr konservativen Umgebung zum absoluten Glauben an das hellenistische Ideal des perfekten Körpers erzogen worden. Sowohl in seinen Studien mit dem kubistischen Maler André Llote in Paris als auch in seiner späteren Tätigkeit für *Vogue* zeigte er sich stark vom Kubismus und Konstruktivismus sowie durch den Film beeinflusst. Das wird in seinen Arbeiten deutlich sichtbar. Darüber hinaus machten ihn seine direkten Erfahrungen mit dem Kubismus noch viel empfänglicher für die großen Couturiers wie Chanel und Alix, deren Schöpfungen er in überzeugender Weise abzubilden wusste.[20]

Hunderttausende – wahrscheinlich Millionen – von Menschen sehen heute jeden Monat die Bilder von Hoyningen-Huene und anderen bedeutenden Modefotografen, aber weitaus mehr Menschen bekommen journalistische Fotos täglich in den Zeitungen und Magazinen vorgesetzt – aufrichtige Bilder, auch wenn sie des Öfteren weniger ehrlich sind, als es den Anschein hat. Das hat den Effekt einer gesteigerten Aufmerksamkeit für die außerordentlichen Unterschiede zwischen den Körpern und der ebenso erstaunlichen Bandbreite dessen, was Menschen damit veranstalten können, wie der Bericht über die amüsanten Auftritte eines bulgarischen Schlangenmenschen auf Tournee. Aber auch die unkünstlerischen Schnappschüsse mit den neuerdings verbreiteten Handkameras spielen eine Rolle bei der schärferen Wahrnehmung des Körpers. Ihre Kunstlosigkeit war eine Stärke. Indem sie Menschen unerwartet und ohne Posieren aufnahmen, bildeten die Macher der Bilder den Körper so ab, wie er sich *tatsächlich* bewegte, und nicht, wie er

19

Unbekannter Fotograf
Ohne Titel
Um 1920
Gelatine-Silberdruck

sich *vermeintlich* nach den Konventionen der schönen Kunst zu bewegen hatte. Der sich ausdehnende Markt für illustrierte Hochglanz-Zeitschriften (in all den Bereichen, die vom Körper dominiert wurden) bewirkte, dass sich in den Haushalten des 20. Jahrhunderts Werbefotografien mit Körpern stapelten. Die Menschen wuchsen auf, begleitet von auf den Esstischen und an ihren Betten herumliegenden Fotografien teilweise nackter Körper. Während die Fotojournalisten durch die leichtgewichtigen Handkameras freier wurden, wurden die Werbe- und Modefotografen technisch besser ausgestattet durch hoch gerüstete Studios, in denen verlockende und höchst überzeugende Illusionen der Wirklichkeit fabriziert werden konnten.

Es war eine Kombination technischer und kultureller Faktoren, welche die Fotografen des frühen 20. Jahrhunderts dazu ermutigte, kreativ nach einem dem weiter entwickelten Verständnis und Wissen um den menschlichen Körper angemessenen Reigen von Formen zu suchen. In dieser Hinsicht bedeutete das den Bruch mit den Konventionen, denen zufolge Gemälde und Zeichnungen die einzig nachahmenswerten Techniken waren. Eine dieser neuen und sehr effektiven Schlüsseltechniken, die keinen Bezug zu ihren Vorgängern in den schönen Künsten, aber sehr viel mit dem Film zu tun hatte, betraf die fragmentarische Sicht des Körpers – den Körper in Nahaufnahme und in seinen Teilen. Dieser Kunstgriff wurde von den Fotografen in den Bereichen Akt, Sport, Tanz und Reportage schnell aufgegriffen. Derartige Ausschnitte konnten einen entscheidenden visuellen und emotionalen Eindruck vermitteln, teils weil sie den Betrachter in eine sehr intime Beziehung zu dem realen Objekt versetzten, teils weil sie einen faszinierend abstrakten und damit vieldeutigen Aspekt besaßen. Ein Fragment vermag gleichzeitig zu verschleiern wie zu enthüllen. Es ist, kurz gesagt, das Teil eines Puzzles und es hat, weil es das einzige ist, das der Betrachter sieht, etwas Mystisches. Die künstlerischen Fotografen lernten sehr schnell, dass Fragmente unterschiedlich eingesetzt werden konnten: Das *realistische* Fragment ermöglichte die nähere Betrachtung eines Körperteils, ohne diesen insgesamt zu enthüllen. Das *surrealistische* Fragment entkörperlichte, das heißt, es stellte etwas anderes dar als der reale Körper, zu dem es gehörte. So „wurde" es zu einer bizarren Kreatur, einer Landschaft oder zu etwas völlig Unerwartetem. Das *formalistische* Fragment führte zu einer verblüffenden geometrischen Abstraktion bis zu einem Punkt, wo jeder Aspekt von Fleisch und Sinnlichkeit geschwunden war. Zu guter Letzt noch das, was man das *eigentliche* Fragment nennen könnte: Körperteile aus Fotografien herausgenommen oder -geschnitten und zusammengefügt – die Collage oder Fotomontage. All dies zeigt, dass die Fotografie nicht einfach eine dem Zeichnen oder Malen unterlegene Ausdrucksform war, sondern über eine eigenständige Ästhetik verfügte. Diese Erkenntnis bereicherte und erweiterte die Tradition der Aktfotografie in hohem Maße.

Festzuhalten gilt es, dass die überwiegende Zahl der unzähligen Akte aus der ersten Hälfte des 20. Jahrhunderts fade wirkt. Üppig gebaute junge Frauen mit

Barbara Morgan
Amerika, 1900 – 1992
Valerie Bettis
Undatiert
Gelatine-Silberdruck

geziertem Verhalten tauchen ihre Zehen ins Wasser, sonnen sich auf Felsen (was außerordentlich unbequem gewesen sein muss) oder tanzen in Schleiern in der Art von Isadora Duncan. Der Tanz war als Motiv sehr populär, da man hoffte, so die Fotografie auf die Ebene der anerkannten Kunst zu heben. In der Hand von äußerst talentierten Praktikern wie, um nur einige zu nennen, Man Ray, Edward Weston und Imogen Cunningham jedoch erreichte die Aktfotografie ein hohes Niveau.

Die Erneuerer der 20er- und 30er-Jahre entwickelten eine ganze Palette visueller Techniken, die von den Vertretern der figürlichen Fotografie eifrig adaptiert wurden. Dieses „Neue Sehen", auch neue Sachlichkeit genannt, brachte die verschiedensten Techniken hervor: Diagonalaufnahmen (bei denen die Objekte schräg gestellt wurden, um Schwindel erregende Effekte hervorzurufen), die Frosch- bzw. Vogelperspektive, Doppelbelichtungen, Mehrfachentwicklungen, Solarisierungen, Negativdrucke, Fotogramme (Aufnahmen ohne Kamera), Verzerrungen durch Spiegel, selbst Röntgen- und Mikroskopaufnahmen. Auch der Surrealismus besaß einen mächtigen Einfluss: Die Deutlichkeit und Wirklichkeitstreue der Fotografie ermöglichte effektive visuelle Schocks, wenn einfache Objekte oder Körperteile einander unmittelbar gegenübergestellt wurden und diesem Ensemble eine eigentümliche und befremdende Bedeutung verliehen werden konnte.[21] In den späten 20er-Jahren begannen die Werbefotografen zur Verführung der Massen diese Schocktherapie in ihre Werbekampagnen (die Analogie zum militärischen Denken ist zutreffend, sowohl für die Strategie als auch Taktik) zu übernehmen.

Während der Akt seine Richtung zu einer fragmentarischen Sicht änderte, wandte sich die politisch motivierte Fotografie dem *kollektiven* Körper zu: der „Körperpolitik". Demokraten und Totalitaristen präsentierten gleichermaßen Bilder bestehend aus enormen Massen von gleichgestimmten Individuen. Die ersteren bevorzugten straff organisierte militärische Paraden und Massenveranstaltungen – der Körper als Rädchen in einer gut geschmierten Maschine – während die letzteren chaotische Massenaufläufe von Individuen – Arbeiter oder Wähler, in Ausübung ihrer hart erkämpften Rechte – bevorzugten. Kraftvolle, gesunde Körper, die das tief wurzelnde germanische Ideal des Körpers in perfekter Harmonie mit der Natur ausnutzten, häuften sich auf den Propagandafotos der Faschisten.

Auch wenn der Akt in der ersten Hälfte des 20. Jahrhunderts in unzähligen Varianten erblühte, war die „künstlerische Fotografie" nicht immer von so hoher Intention, wie sie es für sich in Anspruch nahm. Pornografen reproduzierten mithilfe der aufblühenden Magazin-Industrie Millionen erotischer Fotos. Das Abonnement von „Mädchen-Heften", wie sie später bezeichnet wurden – einem Genre, das sich clever in einer Nische zwischen Kunst und Pornografie ansiedelte –, wurde ein Bestandteil der männlichen Pubertät. Es gab viele erfolglose Versuche derartige Publikationen zu verhindern oder sie zu verbieten. 1949 gewann beispielsweise *Paris Pin-Up* eine Klage gegen ein Verbot. Das Gericht entschied, diese Bilder seien nicht weniger unmoralisch als die Statuen in der Stadt und ein Verbot hätte die Aus-

21

Nickolas Muray
Amerika, 1892 – 1965
Ohne Titel
1925
Gelatine-Silberdruck

wirkung, den „Werken von Künstlern, die in den staatlichen Museen, den Parks und Galerien betrachtet werden können, einen unmoralischen und ungesunden Charakter" zuzusprechen und „Das Studium des menschlichen Körpers sollte den Fotografen ebenso gestattet sein wie den anderen Künstlern, wenn es ohne obszöne Intentionen geschieht".[22] Von diesem kleinen Triumph der Aktfotografie profitierte auch die Pornografie, die nunmehr einfach die „Absicht" bestreiten konnte.

Soweit es nicht um Kunst ging, waren Nudismus und Körperkult ein respektables „Gewand" für diese Art der Fotografie. Zu den Abonnenten der Magazine dieser Bewegungen gehörten neben ihren wahren Anhängern auch die mit dem primären Interesse, sich durch die nähere Betrachtung der männlichen und weiblichen Anatomie, sowohl von Kindern wie auch von Erwachsenen, sexuell zu erregen. Die Magazine, die direkter für Erotik antraten, mussten mit der Sexualität vorsichtiger umgehen. Heterosexuelle Erotik war, allgemein formuliert, auf sicherem Boden, wenn sie bestimmte Grenzen (beispielsweise weibliche Genitalien vollständig im Schatten verborgen oder vom Retuscheurpinsel verdeckt; sexuelle Aktivitäten waren verboten) nicht überschritt. Homosexuelle Erotik andererseits musste bemäntelt werden, um Zensur oder Schlimmeres zu verhindern. Ringen, Boxen und Ähnliches gehörten zu den Darstellungsmöglichkeiten sexueller Kontakte zwischen Männern, die keine Reaktionen auf Seiten der extrem aufmerksamen moralischen Autoritäten verursachten. Es ist eigentlich nicht nötig festzuhalten, dass es damals wie heute Millionen Fotografien gibt, die tief im Untergrund bleiben und der Zensur allemal entgehen, während sie jeder nur vorstellbaren sexuellen Vorliebe zu Diensten sind.

Die Medizinfotografie hat in der ersten Hälfte des 20. Jahrhunderts große Fortschritte gemacht und wurde zunehmend zu pädagogischen Zwecken genutzt. Der brillante Gebrauch der stereoskopischen Fotografie durch den schottischen Arzt David Waterston brachte um die Jahrhundertwende als Ergebnis drei eindrucksvolle Atlanten der menschlichen Anatomie. Immer mehr stützten sich Krankenhäuser und Universitäten auf spezialisierte Fotografen, die mit der Zeit Bilder herstellten, die den von Hand gemachten Illustrationen gleichkamen und sie schließlich sogar übertrafen.

Die Wissenschaftler konnten immer kleinere Strukturen *innerhalb* des menschlichen Körpers betrachten. Die optischen Mikroskope wurden kontinuierlich weiterentwickelt, stießen um 1920 jedoch an die Grenzen ihres Auflösungsvermögens (der Fähigkeit zwischen den Strukturen zu unterscheiden), das bei ungefähr einem Tausendstel Millimeter lag. Laienhaft ausgedrückt bedeutet das, mit den besten Lichtmikroskopen konnte man Objekte und Organismen deutlich betrachten, die hundertmal kleiner waren als die, welche man mit bloßen Augen sehen konnte. Zum Glück für die Forscher, die ein immer feineres Auflösungsvermögen benötigten, wurden in den 30er-Jahren neue Arten von Mikroskopen auf der Basis elektronischer Abbildungen entwickelt. Mit dem einen davon konnte man Strukturen in

Gerhard Riebicke
Deutschland, 1878 – 1957
Ohne Titel
Um 1925
Gelatine-Silberdruck

10 000-facher Vergrößerung deutlich betrachten und das andere vermochte sogar Strukturen abzubilden, die *100 000-mal* kleiner waren als die für das menschliche Auge sichtbaren. Rasterelekronenmikroskope und Transmissions-Elektronen-mikroskope kündeten von neuen Möglichkeiten der Erkenntnisse über den menschlichen Körper, die trotz schneller Erfolge (schon 1939 konnten Bilder die Existenz von Viren nachweisen) erst in der zweiten Hälfte des 20. Jahrhunderts vollständig erkundet werden konnten. [23]

Der Zweite Weltkrieg beendete abrupt diese innovative Phase der modernen Fotografie, ein goldenes Zeitalter, das als „Neues Sehen" bekannt wurde. Die zerstörerischen Kräfte dieses weltweiten Krieges waren zu weitreichend, als dass sich die Fotografie in einen schützenden Hafen hätte flüchten können. Stattdessen rückten die nützlichen Funktionen der Fotografie in den Vordergrund. Die Kameras wurden von den Regierungen und ihren Armeen für Propagandazwecke eingesetzt. Sie zeigten Siege und heroische Taten von Führern, Soldaten und Zivilisten gleichermaßen. Das fotografische Bildmaterial jedoch, das Körper zeigte, welche die Straßen der mit Bombenteppichen belegten Städte pflasterten oder wie Brennholz in den Konzentrationslagern aufgetürmt waren, sickerte überwiegend erst nach Kriegsende und auch dann nur allmählich und in kleinen Dosen in das öffentliche Bewusstsein.

Wie schon der Erste veränderte auch der Zweite Weltkrieg die Einstellung zum Körper. So wurden beispielsweise Frauen wieder in den häuslichen Bereich zurückgedrängt und mussten die politischen Erfolge preisgeben, die sie aufgrund ihrer mannigfaltigen Beiträge zu den Kriegsanstrengungen errungen hatten. Der „New Look", der die Modeszene 1947 mit einem Schlag veränderte, brachte eine Sicht des Weiblichen, die den Körper der Frau als dekoratives und begehrenswertes Objekt wieder entdeckte. Die allgemein verfolgten Ziele, wie der Wiederaufbau der nationalen Wirtschaft und der Städte sowie die Versorgung der psychischen Wunden hatten auch einen lähmenden Effekt auf das radikale Experimentieren in der Fotografie und so wurden die Fotografen angehalten, nützliche Dienste zu leisten. Aufgrund fehlender Unterstützung durch Galerien und Museen hatten nur diejenigen im Dienste der Massenmedien eine reale Chance, ein Publikum für ihre Anstrengungen zu finden. Daher ist die Modefotografie, die einer Handvoll Fotografen die erforderlichen Möglichkeiten und entsprechende Ermutigung bot, innovative Werke zu schaffen (schließlich musste ja der „New Look" an die Leute gebracht werden) einer der vibrierendsten Bereiche des fotografischen Ausdrucks der Nachkriegszeit. [24] Der Fotojournalismus, der sich nunmehr als Massenmedium fest etablierte, hatte weiterhin Aufgaben für viele Fotografen, die sie oft entgegen der vorherrschenden Sichtweise erfüllten. Häufig entwickelten sie mit erheblichem Elan einen ganz persönlichen Stil, manchmal sogar auf dem Niveau poetischer Lyrik. Leider kollidierte diese Phase mit dem Aufkommen des Fernsehens als journalistischer Macht und der Fotojournalismus wurde trotz all seiner Stärken von diesem glanzvollen Rivalen unübersehbar in den Schatten gerückt.

Über den Vietnamkrieg wurde mit der Fotografie dennoch in einer Weise berichtet, wie es das in der Kriegsberichterstattung bislang noch nicht gegeben hatte: umfassend und frei.[25] Die Bilder der verstümmelten und zerstückelten Körper von Soldaten und Zivilisten, darunter auch Kinder, von denen die Zeitungen und Zeitschriften eine Zeit lang überquollen, vermittelten der Welt eine ganz neue Einsicht in das, was Krieg in einem technisch derartig fortgeschrittenen Stadium heißt. Die Fotografie behauptete auch ihre eigene Position gegenüber dem Fernsehen. Was man abends flüchtig auf der Mattscheibe zu sehen bekam, konnte man am nächsten Morgen in der Tageszeitung in Ruhe betrachten. So trugen die Kameras dazu bei, die öffentliche Meinung zu diesem Konflikt in aller Welt, auch in den Vereinigten Staaten, in ihr Gegenteil zu verkehren. Das preisgekrönte Foto von Nick Ut mit dem Kind, das von Napalm brennend in Todesangst die Straße entlangläuft, war wohl kaum die Botschaft, die das amerikanische Militär verbreiten wollte. Die nachfolgende Generation der Generale und Politiker hat daraus ihre Lektion gelernt. So haben die Engländer beispielsweise sichergestellt, dass im Falklandkrieg keine herumstreifenden Fotoreporter in der Lage waren, die Verluste auf beiden Seiten zu bezeugen.

Die Fotografien aus Vietnam trugen auch zu dem Aufstieg einer neuen Kunstform der 60er- und 70er-Jahre des 20. Jahrhunderts bei, die allgemein als „Body Art" bekannt ist.[26] Diese Künstler wandten sich ihrem eigenen Körper zu, um ihn zu bemalen, ihn mit Schnitten zu verletzen und in einen „leblosen" Zustand zu versetzen und sich so selber in ein Kunstobjekt zu transformieren. Künstler der „Body Art" wie Chris Burden und Carolee Schneemann versuchten in der Tradition der Schamanen ihr Publikum mit der Widerspiegelung seiner Neurosen zu konfrontieren, statt nach höchst individueller „Selbstdarstellung" zu streben.

Von daher spielen in ihrer Kunst Gefahr, Risiko, Unfall, Zufall und sogar der symbolische Tod (in machen Fällen sogar mit realer Lebensgefährdung) eine bedeutende Rolle. Viele dieser Werke entstanden in privaten oder öffentlichen Aufführungen und die Fotografie (und in einem geringeren Maße die Videotechnik, zu dieser Zeit noch ein unzuverlässiges und unzureichend entwickeltes Medium) wurde gebraucht, um die Botschaft zu vermitteln und für die Nachwelt zu dokumentieren. Derartige Fotografien wurden häufig von Amateuren, Freunden oder Zuschauern, aufgenommen und ließen im Allgemeinen technische Feinheiten vermissen. Das wurde jedoch als adäquate Vermittlung dieser rauen und häufig schockierenden Themen angesehen und sollte darüber hinaus auch zeigen, dass diese Fotografien der Dokumentation dienten und nicht als eigenständige Kunstwerke gedacht waren.

Andere Künstler wie Dieter Appelt und Arno Minkinnen haben sich gleichfalls mit inszenierten Körperdarstellungen vor der Kamera befasst, sehen aber die so entstandenen Fotografien als Kunstwerke. Für diese Darsteller ist die Fotografie ein ausdrucksstarkes Medium, das einzigartige Möglichkeiten der Selbstfindung und/oder Selbstdarstellung (was nicht notwendigerweise das Gleiche ist) eröffnet. Für Cindy Sherman ist die Fotografie gleichermaßen das Mittel *wie auch* das Ziel. Sie ist Regisseurin und Darstellerin in enthüllenden Maskeraden, in denen die Künstlerin sich (und damit uns) mit den eigenen Ängsten, Vorurteilen und Torheiten konfrontiert.

Einige Fotografen wiederum ziehen es vor, die „Darstellung" anderen Künstlern zu überlassen. Die Tanzfotografie hat eine lange Tradition im 20. Jahrhundert. Während die Fotografie allzuoft kaum mehr als eine eifrige Handlangerin des Tanzes war[27], hat sie in den Händen hingebungsvoller Praktiker wie Barbara Morgan, George Platt Lynes oder, in jüngster Zeit, Lois Greenfield Unabhängigkeit und Reife erreicht. Auch wenn der zeitgenössische Tanz nur ein begrenztes Publikum begeistert, verbreitet die Fotografie seine „Botschaften", die eine neue Sicht des Körpers ermöglichen.

In letzter Zeit ist der menschliche Körper zu einem zentralen Thema der künstlerischen Fotografen geworden, jedoch gilt dieses Interesse weniger dem traditionellen formalen „Akt", sondern mehr der körperlichen, materialistischen Seite – dem Körper aus „Fleisch und Blut", verwundbar, individuell, vergänglich. Nichtsdestoweniger brauchte John Coplans, im Alter von 72 Jahren, Mut, sein nacktes Fleisch in extremer Nahaufnahme dem unbarmherzigen Blick der Kamera auszusetzen. In jüngster Zeit haben sich auch mehr Frauen mit dem männlichen Akt befasst und mit homosexuellen Fotografen dazu beigetragen, daraus ein respektiertes Thema zu machen. Der gebrechliche Körper, der behinderte Körper, der missbrauchte Körper und selbst der Körper im Tode sind Motive, die nicht mehr tabuisiert, sondern akzeptiert werden. Die Sexualität fand in einer Weise Aufnahme in die Lexika, wie es vor einem halben Jahrhundert unvorstellbar war, als die Abbildung von männlichen oder weiblichen Genitalien den Fotografen im Gefängnis hätte landen lassen. Brillante, wenn auch umstrittene Arbeiten von Fotografen wie Robert Mapplethorpe und Jock Sturges haben gezeigt, wie Sexualität, Sinnlichkeit und schiere Schönheit Teile eines gleichen reichen Ganzen sind. Sexualität wird zunehmend von künstlerischen Fotografen mit Offenheit und Seriosität dargestellt, ein notwendiges Korrektiv zu der ausbeuterischen und allgegenwärtigen Pornografie.

Offenheit und Seriosität allein sind jedoch nicht ausreichend, um Kunst hervorzubringen. Der klassische weibliche Akt ist für Amateure wie Professionelle ein gleichermaßen beliebtes Motiv, aber nur wenige Fotografen haben es geschafft, dieses Genre zu erneuern. Zu diesen Fotografen der zweiten Hälfte des 20. Jahrhunderts, die den Akt mit wahrhaft anderen Augen sehen, gehören Bill Brandt, Lee Friedlander und Joel-Peter Witkin. Interessanterweise zeigen die besten zeitgenössischen Praktiker der Aktfotografie genaue Kenntnisse ihrer ehrwürdigen Vergan-

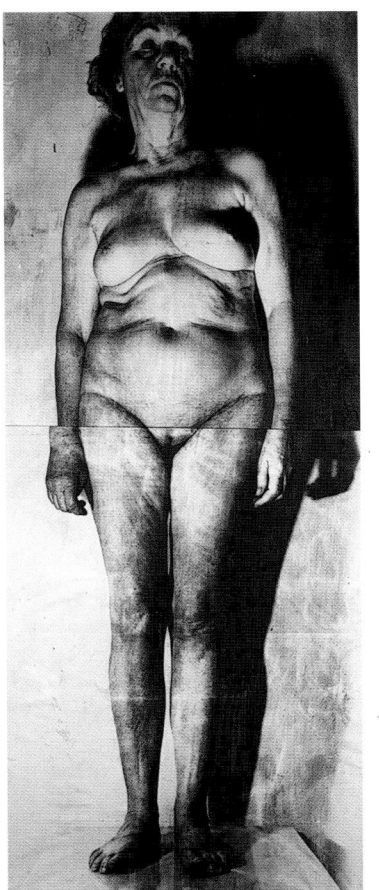

Melanie Manchot
Großbritannien, geb. 1966
Mrs. Manchot, aufrecht stehend
1996
Gelatine-Silberdruck auf Leinwand

genheit (und nicht zu vergessen den größeren Kontext der Kunstgeschichte) und der scharfsinnige Betrachter kann viel Freude bei der Entdeckung solcher Bezüge in ihren Fotografien finden.

Einige zeitgenössische Kunstfotografen führen die Tradition der Fotografie als höchst persönliches Dokument fort, dass die Intimität ihres eigenen Familienlebens oder guter Freunde festhält, indem sie Augenblicke flüchtiger und oft verborgener Gefühle einzufangen versuchen. Solche Arbeiten von Fotografen wie Sally Mann und Nicholas Nixon vermeiden das gemeinhin „übliche" Vokabular der Familienfotografen: „Steh still!", „Schau in die Kamera!", „Lächeln!" Sie scheuen sich nicht vor Nacktheit und verdeckter, manchmal auch offener Sexualität. Eine Reihe von professionellen wie auch Amateurfotografen zahlen gegenwärtig einen nicht fassbaren Preis für ihre Akte von Kindern. Sie sind Attacken von aufgebrachten Bürgern ausgesetzt, die Intimität, wie Schnappschüsse von Kindern der Fotografen im Bad, und Berichte der Revolverblätter über Kinderschänder und Inzest durcheinander bringen. Die Attacken religiöser Fundamentalisten auf der rechten Seite und ernsthafte „Kritik" von Akademikern von links (mit dem Vorwurf der „Ausbeutung") verhindern erfolgreich Innovationen in der langen Tradition der Fotografie des Körpers in seinem Säuglings- und Kindheitsstadium.

Konventionelle Einstellungen zu Schönheit, Geschlecht, Sexualität und persönlicher Identität werden von einer Reihe zeitgenössischer Fotografen hinterfragt. Manche widerstehen der Macht der allgegenwärtigen kommerziellen Werbefotografie, in der sie eine gefährliche Verführungskraft sehen, und untergraben diese. Andere spielen mit dem gesellschaftlichen Unwillen, einen *wirklichen* Körper direkt zu betrachten, und dem Beharren, diesen mit Kleidern entsprechend der sozialen Schicht und dem finanziellen Status „aufgeputzt" sehen zu wollen. Noch immer attackieren andere die verborgenen Vorurteile der künstlerischen Fotografie selbst, wie die langlebigen Vorbehalte gegenüber dem weiblichen Akt, die nur allzu oft den Beigeschmack des männlichen Chauvinismus in sich tragen. Die akademische Welt hat mit dazu beigetragen, dass die Fotografen ein Gefühl für die sozialen und kulturellen Kräfte entwickelt haben, welche die Herstellung und Verbreitung ihrer Werke definieren, umschreiben und kontrollieren. Rasse, ethnische Herkunft, Klassenzugehörigkeit, Krankheiten (insbesondere der von AIDS entstellte Körper von Homosexuellen), das große Geschäft und die Umwelt werden insgesamt als Dinge gesehen, die einen fundamentalen Einfluss auf den Körper ausüben und von daher von Künstlern thematisiert werden müssen. Indem er den Körper so neu definiert, hat der postmoderne Diskurs die Themenbereiche der Fotografie weiter ausgedehnt.

Bei all ihrer neuartigen Einsicht und Schönheit erreicht die künstlerische Fotografie, trotz der in dem halben Jahrhundert seit Kriegsende durch Bücher, Galerien und Museen erreichten Erfolge nur ein begrenztes Publikum. Weit mehr Menschen betrachten die Bilder von Körpern, wie sie in Tageszeitungen und Magazinen ver-

Nicholas Nixon
Amerika, geb. 1947
Die Brown-Schwestern
1975
Gelatine-Silberdruck

Nixon fotografierte seine Frau und ihre
Schwestern jedes Jahr einmal – 25 Jahre
lang (siehe auch gegenüber)

breitet werden, seien es nun in Reportagen, der Sportberichterstattung oder inszenierte Abbildungen im Dienste des Kommerz. Die letzte Kategorie ist keineswegs auf Produkte beschränkt, die mit der Schönheits- und Körperpflege zu tun haben. Im Gegenteil, der schöne, mithilfe mechanischer und elektronischer Retuschiermittel auf das Höchste, sogar Absurde, idealisierte Körper wird dazu benutzt, alle nur erdenklichen Produkte zu verkaufen. Auch wenn dieser „schöne Körper" für das Umfeld bestimmter Produkte albern anmutet (wie Eiscreme oder Computer), ist die Werbung, die bereit ist, Milliarden in ihre Projekte zu investieren, davon überzeugt, dass ihre Strategie funktioniert. Die künstlerischen Fotografen müssen ständig darum besorgt sein, dass die Macher dieser Art Öffentlichkeit die unabhängige künstlerische Produktion genau betrachten und nicht abgeneigt sind dort zu stehlen – oder um es höflicher zu formulieren – Inhalte „zu übernehmen".

Auf dem Gebiet der Nachkriegsmedizin hat die Fotografie von den technischen Fortschritten bei Kameras, Film und künstlicher Beleuchtung profitiert und sie erweist sich weiterhin als äußerst nützlich. Die klassische anatomische Fotografie hat sich zu einem hoch spezialisierten und anspruchsvollen Handwerk entwickelt, das zunehmend in der Ausbildung benutzt wird, besonders seitdem die Medizinstudenten immer weniger Zugang zu Sezierleichen haben.

Entgegen der scheinbar offensichtlichen Feststellung, die Fotografie der Anatomie sei schon vor Jahren abgeschlossen worden, fordern neue chirurgische Vorgehensweisen und Technologien von den Fotografen, den gesamten Körper wieder zu entdecken und mit neuen Augen zu betrachten. Sobald bestimmte Regionen oder Bereiche des Körpers aktuell werden (wie die Nase für kosmetische Operationen), werden Anatomiefotografen wie Ralph T. Hutchings aufgefordert, neue „Karten" herauszugeben. Ein völlig neuer Atlas mit erstaunlichen anatomischen Ansichten ist nunmehr auch online in Form des Projekts „durchsichtiger Mensch" verfügbar. Es enthält Fotografien feiner Querschnitte von Kopf bis Fuß durch je eine vollständige männliche und weibliche Leiche. Diese Fotografien können einzeln oder computergesteuert zu einer dreidimensionalen Ansicht der einzelnen Körperregion zusammengesetzt betrachtet werden. [28]

Die endoskopische Fotografie ist ebenfalls ein äußerst wertvolles Diagnoseinstrument. Am lebenden Körper angewandt, ist es minimal „invasiv", da das Gerät, das die Aufnahmen macht (ein Fiberglaskabel mit einem kleinen Objektiv und eigener Lichtquelle), durch eine natürliche oder mit einem kleinen chirurgischen Schnitt geschaffene Körperöffnung eingeführt wird. Die erste Fotografie eines Fötus, aufgenommen von Dr. Lennart Nilsson in den frühen 60er-Jahre, wurde bei ihrer weltweiten Veröffentlichung als Sensation gefeiert. Die ebenso primitive wie hartnäckige Ansicht, das Leben beginne mit der Geburt, wurde mit großen Auswirkungen auf die Abtreibungsdebatte dramatisch infrage gestellt. Die herkömmliche Fotografie wird auch dazu benutzt, die komplexe Anordnung der inneren Organe und das bei medizinischen Eingriffen und Obduktionen offengelegte

Nicholas Nixon
Die Brown-Schwestern
1999
Gelatine-Silberdruck

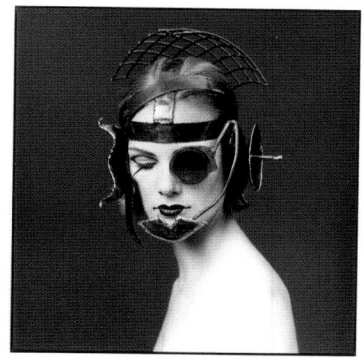

Gewebe abzubilden. Aus den Händen von Meisterfotografen wie Max Aguilera-Hellweg sind diese Bilder informativ und überraschend schön.

Die Entwicklungen bei den medizinischen „Hightech"-Abbildungen des *lebenden* Körpers sind seit Ende des Krieges durch Computer, Roboter und Mikrotechnologien in Quantenschritten vorangegangen. Auch wenn viele dieser neuen Diagnose- und Untersuchungstechniken *nicht*-fotografischer Natur sind (Ultraschall, magnetische Resonanz und Computertomographie sind nur einige der Schlüsselverfahren), können Wissenschaftler und Ärzte die Bilder auf den elektronischen Bildschirmen nur als fotografische *Reproduktion* weitergeben.

Zwischen den wissenschaftlichen Abbildungsmethoden und der künstlerischen Fotografie scheinen Welten zu liegen, aber gerade dies hat die Praktiker auf beiden Seiten dazu veranlasst, nach einem gemeinsamen Vokabular zu suchen. Ein unlängst komponiertes Selbstporträt von Gary Schneider ist in dieser Hinsicht eine Prophezeiung. Schneider nutzte verschiedene diagnostische Techniken (Bilder einer Fundus-Kamera, Röntgenstrahlen, verschiedene Elektronenmikroskope usw.), um das Innere seines Körpers zu sondieren. Das Ergebnis sind unter anderem das Foto einer einzelnen Samenzelle, „Porträts" aller 64 Chromosomen und sogar Bilder von einzelnen Genen. Sein *Genetisches Selbstporträt* ist eine Herausforderung an seine Kollegen, diese wissenschaftlichen „Augen" in Besitz zu nehmen.

Die Fotografen wenden sich auch dem Computer als kreativem Werkzeug zu, wenn auch mit einer gewissen Ambivalenz. Einerseits bietet das phantastische Möglichkeiten, soweit es um das kreative Herstellen von Bildern geht, andererseits bergen Manipulationen die Gefahr von Verfälschung und Missbrauch. Nicht wenige zeitgenössische Fotografen, angeführt von Nancy Burson, haben Arbeiten geschaffen, die versuchen, vor diesen Gefahren zu warnen.

Die Fotografie, wie wir sie kennen, entwickelt sich, wie auch der Körper selbst, einer unbekannten Zukunft entgegen. Mit den Augen eines anspruchsvollen Betrachters im Jahre 2099 gesehen wird das riesige Archiv der Fotografie des 20. Jahrhunderts vielleicht genau so archaisch, eigentümlich und exotisch wirken wie für uns heute die Figurinen der Venus aus der Steinzeit. Dennoch, daran besteht kein Zweifel, wird dieses mit brillanten Bildern und herausfordernden Ideen prall gefüllte Archiv als große kulturelle Errungenschaft hoch geschätzt werden.

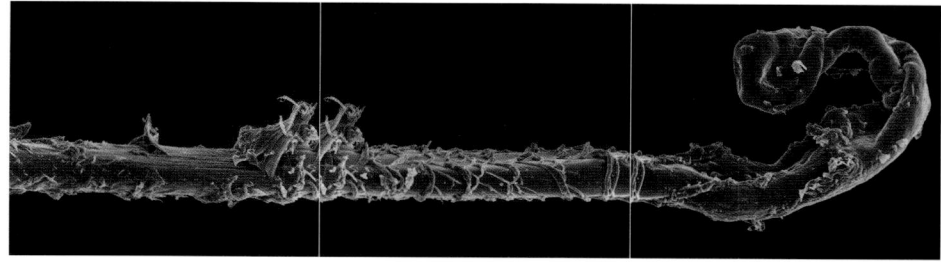

Nicholas Sinclair
Großbritannien, geb. 1954
Fia Berggren
1996
Selen-getönter Gelatine-Silberdruck
Gary Schneider
Amerika, geb. in Südafrika, 1954
Haar
1997
Getönter Gelatine-Silberdruck

Bildtafeln

Diese Fototafel für den Gebrauch in Polizeistationen in ganz
Frankreich war die Frucht jahrelanger Bemühungen von
Alphonse Bertillon, dem Chef des Erkennungsdienstes der
Polizeipräfektur in Paris. Es beruhte auf einem Identifizie-
rungsverfahren, genannt Anthropometrie, das im 19. Jahrhundert von Anthropologen entwickelt worden war und
rationale sowie systematische Vermessungen des Körpers
im Ganzen und seiner Teile ermöglichte. Bertillon, der sich
eher auf die Identifizierung von Personen als die ethnische
Herkunft und körperlichen Charakteristika konzentriert hatte,
entwickelte ein System, dass den Schwerpunkt auf Teile des
Körpers, wie den Kopf und insbesondere die Ohren legte.
Er entwickelte ein standardisiertes Verfahren, das Frontal-
und Profilaufnahmen sowie bestimmte Messungen um-
fasste. Seine Methode wurde nach und nach in allen Polizeiverwaltungen in ganz Europa eingeführt und als das
„Bertillon-System" bekannt. Zum Unglück seines Erfinders
wurde sein Ruf erheblich geschädigt, als sich seine Schrift-
analyse, die zur Verurteilung von Dreyfus führte, als fehler-
haft erwies. Die Methode von Bertillon hatte mit den frü-
heren Fotografien von typisierten Kriminellen die Prämisse
gemein, der Einzelne sei genetisch oder körperlich krimi-
nogen vorbelastet. Diese Theorie hatte großen Einfluss in
den ersten Jahrzehnten des 20. Jahrhunderts, als sie un-
kritisch von verschiedenen rassistischen Bewegungen, insbesondere von den Nazis, übernommen wurde.

30

Politik

1.

Alphonse Bertillon
Frankreich, 1853 – 1914
Synoptische Tafel von Gesichtsausdrücken.
Hilfe für das Studium „des sprechenden Porträts"
Um 1900
Gelatine-Silberdruck

TABLEAU SYNOPTIQUE DES TRAITS PHYSIONOMIQUES
POUR SERVIR A L'ETUDE DU " *PORTRAIT PARLE* ".

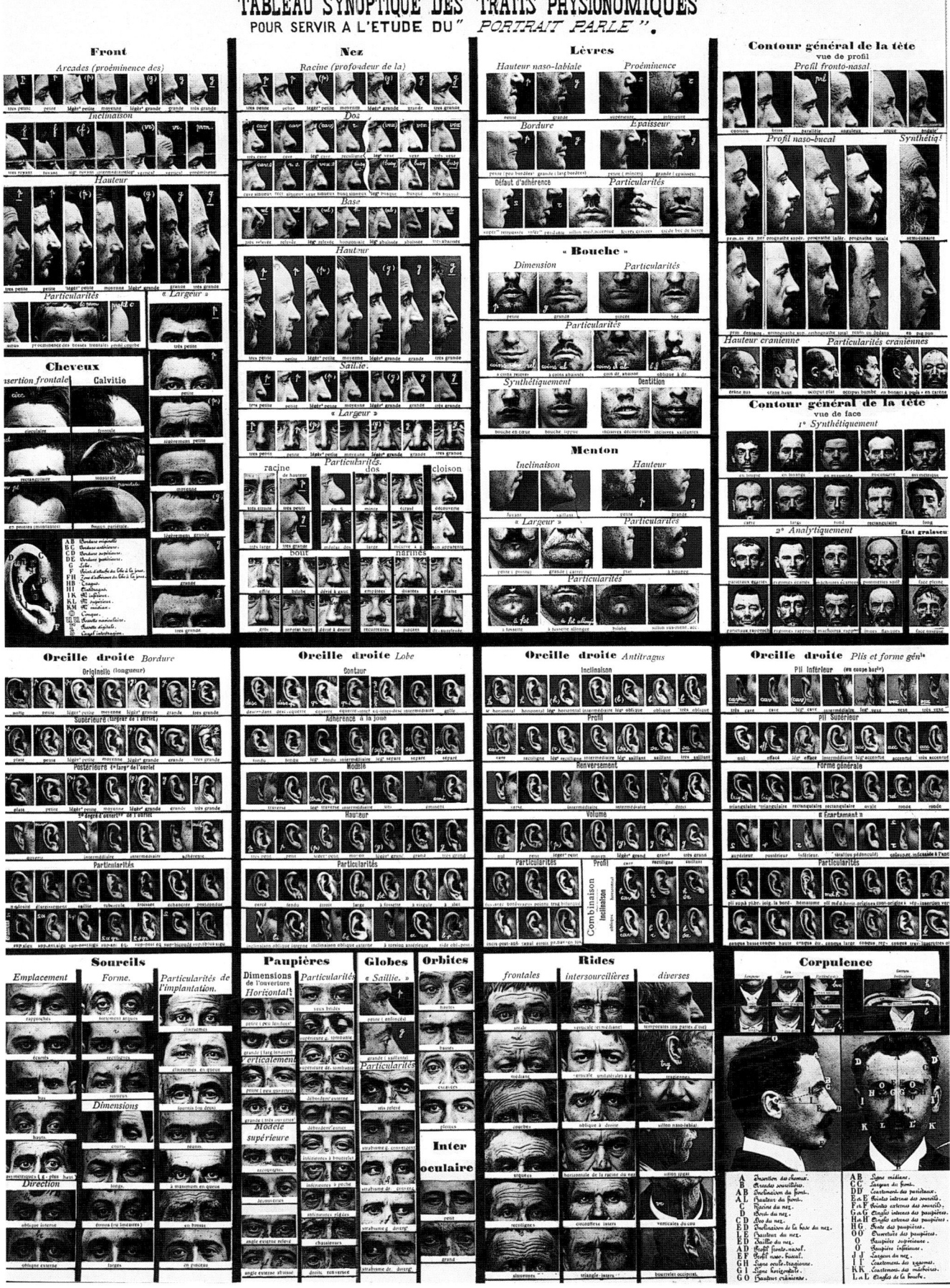

Die ersten 50 Jahre der Fotografie gehören mit den klobigen, teuren Kameras und den komplexen chemischen Prozeduren den professionellen Fotografen. Mit der Entwicklung der Handkamera durch Kodak 1888 erhielten auch die Amateure Zugang. In vielen Industrieländern entstanden Fotoklubs, in denen ihre Anhänger zusammentreffen konnten, um die technischen Probleme zu besprechen und zu debattieren, wie man am besten die Claims für die Fotografie als eine der schönen Künste abstecken konnte. Die Piktoralisten, unter diesem Namen wurden sie bekannt, schufen durch ihre lokalen, nationalen und schließlich auch internationalen Ausstellungen und die Publikationen, welche die bedeutenderen dieser Ereignisse begleiteten, die Fundamente für eine internationale Bewegung und förderten die Sache der Fotografie auf vielfältige Weise. Alice M. Boughton, eine jener Handvoll Frauen, die sich in dieser wesentlich von Männern dominierten Domäne einen Namen machen konnte, war vertraut mit den Prinzipien des Piktoralismus. Diese verlangten bei der Abbildung der Natur, des häuslichen Zeitvertreibs und des delikaten Themas nackter Körper „guten Geschmack". Boughtons spröde, stark von impressionistischen Gemälden beeinflusste Akte fanden beim Publikum große Anerkennung. Was konnte denn schon besser sanfte Mütterlichkeit ausdrücken, als diese idealisierte und romantische Gruppe nackter Kinder in einer angenehmen und dunstigen Atmosphäre. In der einflussreichen Zeitung *Camera Work* von Alfred Stieglitz veröffentlicht, begeisterte Boughtons Bild viele Bewunderer durch seinen Verzicht auf überflüssige Details und die meisterhafte Modellierung der Körper durch die Massen von Licht und Schatten.

Ikonen

2.   **Alice M. Boughton**
                     Amerika, 1866–1943
                     Akt
                     1902
                     Fotogravur, 1909

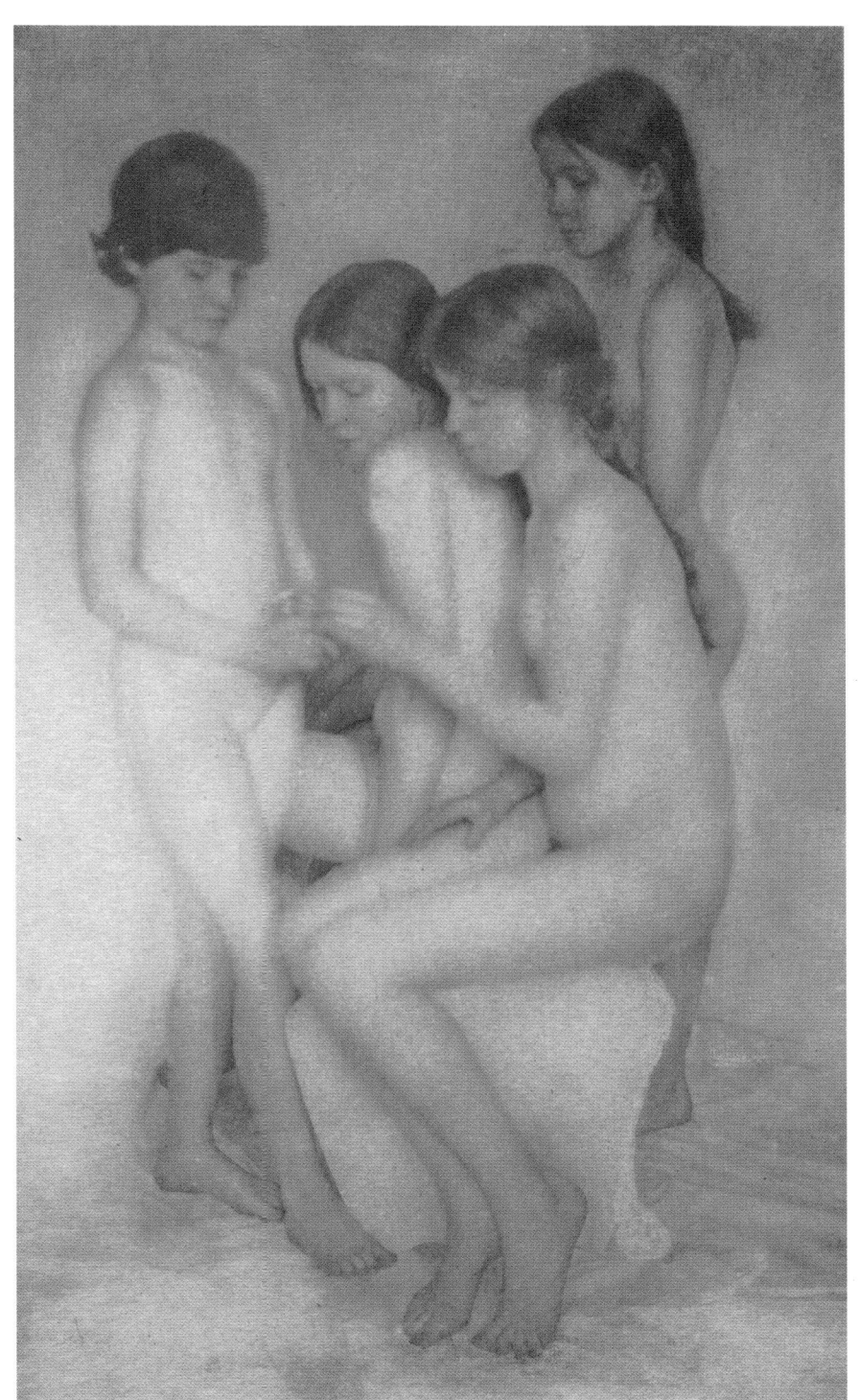

Auf den ersten Blick hinterlässt diese dunkle und düstere Studie einen mysteriösen Eindruck. Ein näherer Blick enthüllt, dass Steichen eindeutig einen Akt in der Tradition der Grabskulpturen der Renaissance inszeniert hat. Eine junge Frau sitzt auf einem drapierten Sarkophag; dort, wo sich sonst die allegorischen Figuren befinden, die die Särge schmücken. Ihre Haltung zeigt Gram und die gewaltigen Kaskaden ihrer Haare scheinen sie noch weiter in die Tiefen der Verzweiflung zu ziehen. Unverkennbar bejammert sie den Tod eines Geliebten.

Steichen war einer der einflussreichsten Verfechter des Piktoralismus, ehe er dessen Sprache zugunsten der Moderne bei Ausbruch des Zweiten Weltkrieges aufgab. Wie viele seiner Weggefährten war er sehr empfänglich für die metaphorische und tief emotionale Sprache des Symbolismus. Bei *In Memoriam* scheint er auch von den Skulpturen Rodins beeinflusst worden zu sein. Zu diesem hatte Steichen eine tiefe Verbindung, wie ein Verhältnis von Schüler und Lehrer, hergestellt. Tatsächlich arbeiten beide die Plastizität des Körpers wie bei einer Skulptur heraus. So wie die dunklen Massen der Haare mit dem Sockel verschmelzen, sind sie der Ausführung von *Der Denker* sehr viel näher als der vergänglichen Machart der meisten zeitgenössischen symbolistischen Maler. In stilistischer Hinsicht waren Steichens moderne Akte und Modestudien der 20er- und 30er-Jahre des 20. Jahrhunderts weit entfernt von *In Memoriam* und den anderen Akten seiner piktoralistischen Periode. In ihrer Komposition und Ausleuchtung verweisen sie stark auf die Fähigkeit, die er sich in seinen frühen Jahren angeeignet hat.

34

Form

3. **Edward Steichen**
Amerika, 1879 – 1973
In Memoriam, New York
1904
Fotogravur

1865 prophezeite die Londoner *Photographic News* für die Fotografie „einen absoluten Spitzenplatz unter den wissenschaftlichen Hilfsmitteln des Jahrhunderts". Zehn Jahre später schrieb die gleiche Zeitschrift „die Kamera wird nunmehr gerne von den Medizinern benutzt" und dass die Ärzteschaft „voller Würdigung für den Wert der Fotografie sei". Dennoch waren für den Rest des Jahrhunderts die äußerst einflussreichen Atlanten und Handbücher auf den Abdruck von Zeichnungen angewiesen, da die Herstellung von Fotografien zu konkurrenzfähigen Preisen noch nicht möglich war. Waterstons eindrucksvoller Atlas mit seinen paarweise exakt angeordneten Original-Fotografien ist ein Beispiel für eine gut brauchbare, aber äußerst aufwendige Lösung des Problems der Reproduktion. Als sich dann die Halbton-Technik fest etabliert hatte, konnten die Drucker auf Original-Fotografien jedoch verzichten. Diese Entwicklung brachte aber auch einen realen Verlust an Informationen mit sich, da die fotomechanisch gedruckten Fotografien nie alle Details der Originale wiedergeben konnten. Erst im 20. Jahrhundert erreichte die fotomechanische Reproduktion etwa die Qualität von Gelatine-Silberdrucken. Die stereoskopische Fotografie wurde in den 50er-Jahren des 19. Jahrhunderts eingeführt und als eine Form der häuslichen Unterhaltung äußerst beliebt. Der Verlag von Waterston konnte zu Recht davon ausgehen, dass seine Kunden keine Probleme haben würden, ein passendes Gerät zum Betrachten zu finden, da die Bilder, wie im Vorwort vermerkt, so gestaltet waren, „dass sie in jedes der zahlreichen gebräuchlichen Stereoskope passten". Der Effekt der stereoskopischen Bilder war offensichtlich. Wiesen die abgebildeten Gegenstände Unterschiede auf, konnte man das auf Schwarz-Weiß-Fotografien nicht deutlich erkennen. Bei dreidimensionalen Abbildungen jedoch sprangen sie geradezu ins Auge. In dieser Periode wurden verschiedene derartige Atlanten hergestellt, von denen *Anatomy for the Anesthesiologist*, veröffentlicht 1903 in Springfield, Illinois, und *The Anatomy of the Eye*, publiziert 1912 in Oxford, England, die bedeutendsten waren.

Forschung

4.

Unbekannter Fotograf

Thorax Nr. 1 (Vorderansicht der Thoraxwand)
Veröffentlicht in The Edinburgh Stereoscopic
Atlas of Anatomy,
herausgegeben von David Waterston
1905
Gelatine-Silberdruck

EDINBURGH: T. C. & E. C. JACK: AND 34 HENRIETTA STREET, LONDON, W.C.

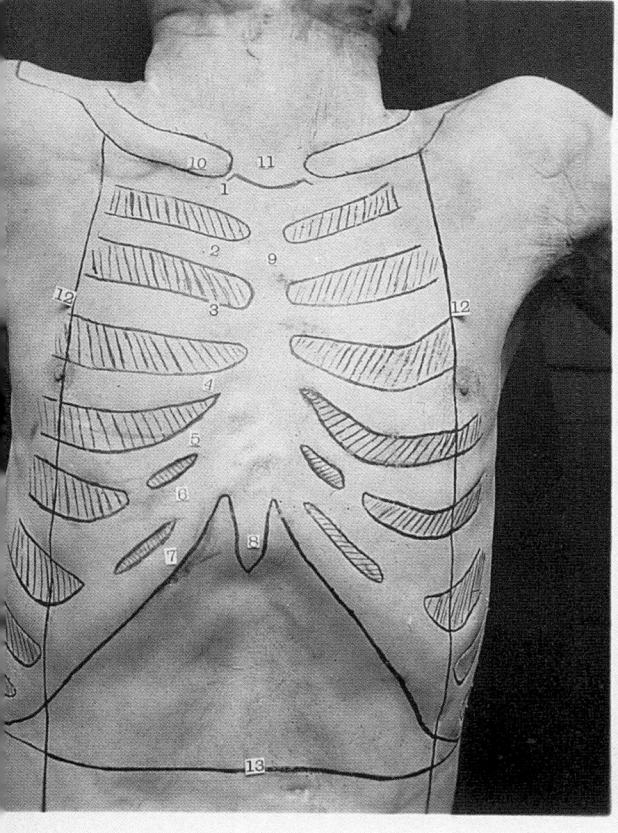
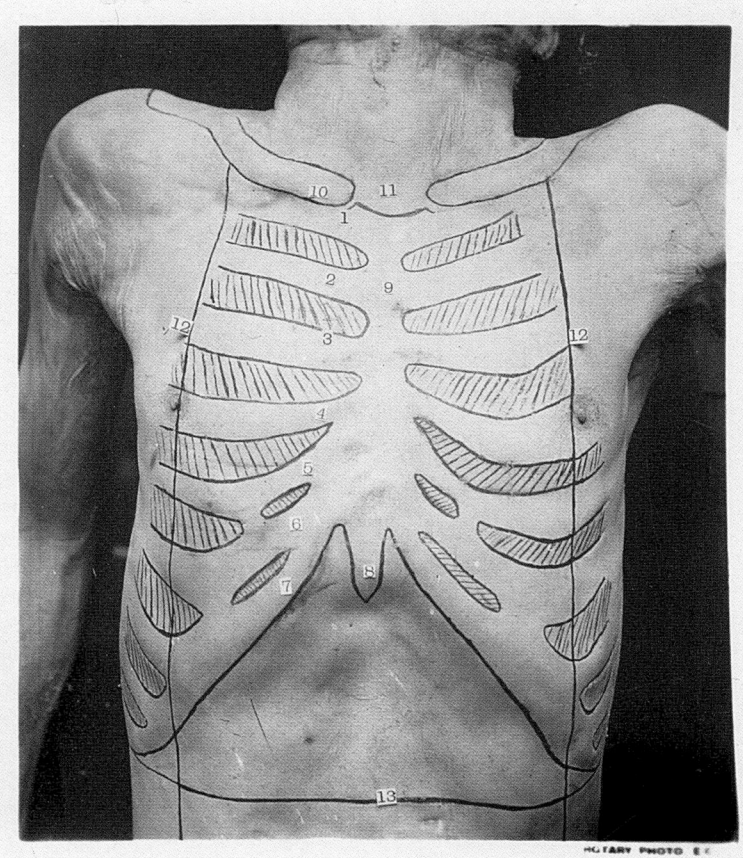

Das Italien der Jahrhundertwende sah die Entwicklung eines
Plein-air-Stils der Aktfotografie, der sich für Fotografen
wie Wilhelm von Gloeden, seinen Cousin Wilhelm Plüschow
und Vincenzo Galdi als sehr profitabel erweisen sollte.
Diese drei Männer – der Erstere in Sizilien, die anderen in
Rom – spezialisierten sich auf Aktfotografien von sehr
jungen Männern und Frauen, darunter Jungen und Mädchen
in und vor der Pubertät. Akte im Klassischen voller Referen-
zen an die arkadische Vergangenheit. Wie seine Rivalen,
ließ Galdi seine Modelle vor alten Mauern in der prallen
Sonne posieren, die Körper mit Weinreben und Fischnetzen
umwunden, Girlanden um die Köpfe, in den Händen griechische Amphoren, Vasen, Tauben oder Eukalyptuszweige.
Den griechischen Idealen entsprechend war der Ausdruck
der Modelle gelassen und ihre trägen Posen suggerierten die
Körper in perfekter Harmonie mit ihrer „zeitlosen" Umgebung. Manchmal vollführten die jungen weiblichen Modelle
– zweifellos gemäß den entsprechenden Anweisungen des
Fotografen – scheue Gesten, wie wir sie hier sehen. Diese
waren aber immer so, dass sie Galdis Kunden nicht dabei
störten, sich an der ungehinderten Betrachtung der Nacktheit zu erfreuen. Eine derartige Rücksicht auf den „guten
Geschmack" ermöglichte es Galdi, seine erotisch gefärbten
Fotografien an weltliche Touristen aus Nordeuropa zu verkaufen. Diese stellten sich vor, die mediterranen Menschen
seien der Natur näher und gelassener im Umgang mit der
Nacktheit, als sie es selber waren.

Verlangen

5.   **Vincenzo Galdi**
Italien, Daten unbekannt; aktiv von 1900 – 1914
Ohne Titel
Um 1905
Gelatine-Silberdruck

Wilhelm Konrad Röntgens Entdeckung der Röntgenstrahlung im Jahr 1895, für die er 1901 den Nobelpreis erhielt, leitete eine Ära des Wissens um den Körper ein, die die Medizin verändern sollte. Röntgen demonstrierte die Möglichkeiten dieser neuen Methode, indem er seine Frau Bertha bat, ihre Hand 15 Minuten vor die sensible Platte zu halten. Diese Handlung, die ihr einen Ehrenplatz in der Geschichte der Medizin einbrachte, dürfte ihr Leben im Endeffekt wohl verkürzt haben.

Die Röntgenaufnahme oder die Radiografie ist nach der heutigen Terminologie der Eingriffe in den Körper nicht-invasiv. Die Partikel durchdringen undurchsichtige Objekte und diese werden dann auf dem Silber-Halogenit-Film registriert. Fleisch wird leicht durchdrungen, die Knochen oder andere Objekte absorbieren jedoch die Strahlen und hinterlassen auf dem Film relativ klare Umrisse. Nach der Entdeckung der Röntgenstrahlen war es für die Forscher und Ärzte nicht mehr erforderlich, die Toten zu sezieren, um die Lebenden zu verstehen.

Im August 1896 machte einer von Röntgens Assistenten die angeblich erste Röntgenaufnahme eines ganzen menschlichen Körpers. In Wirklichkeit war diese aus den Körpern von verschiedenen Menschen zusammengesetzt. Eine echte Ganzkörper-Röntgenaufnahme, wie die hier gezeigte von William Morton, wurde vermutlich zum Zwecke der „Unterhaltung" hergestellt, um einem breiten Publikum dieses Wunder der Technik zu demonstrieren. Forscher oder Ärzte wären normalerweise weit mehr daran interessiert gewesen, einen Teil des Körpers mit maximaler Deutlichkeit und exakten Details abzubilden. Über die wahren Motive von Morton für die Herstellung dieses Bildes ist nicht viel bekannt. Die Tatsache jedoch, dass dabei Schuhe mit hohen Absätzen und ein Korsett aus Walfischbein getragen wurden und zusätzlich noch eine Hutnadel, eine Brosche, eine Halskette und Ringe zu sehen sind, lässt eher ein voyeuristisches Vergnügen vermuten, nämlich einen seiner Kleider entledigten Körper zu sehen. Wir wissen aber, dass die Elektrizität für die Röntgenaufnahme aus der Hauptversorgungsleitung für eine New Yorker Straße stammte und Mortens weibliches Objekt der Strahlung für ungefähr 30 Minuten ausgesetzt war. Darüber hinaus wissen wir recht sicher, dass dieses Bild die erste Ganzkörper-Röntgenaufnahme von einem lebenden Menschen ist.

Forschung

6.   **William Morton**
Amerika, Daten unbekannt
Ganzkörper-Röntgenbild
1907
Silber-Halogenid-Film

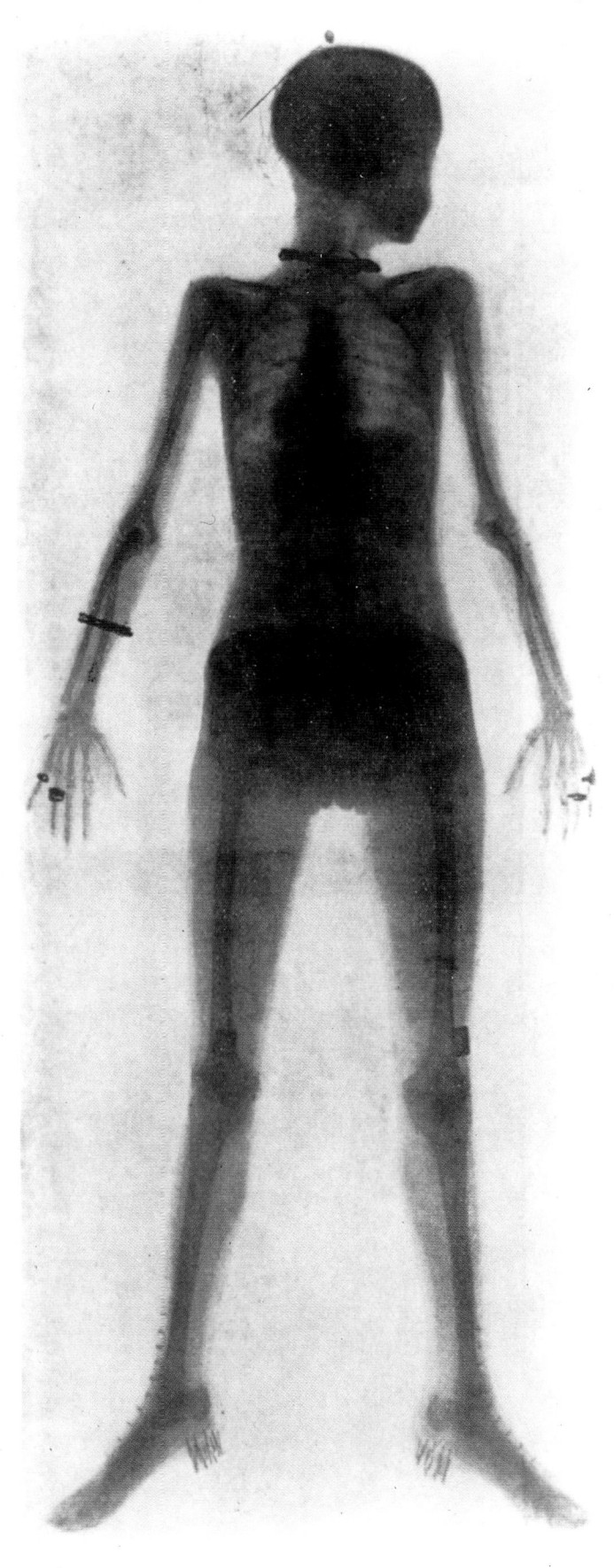

Bei Kindern ist die Knochenmarkentzündung, die die Gelenke zersetzt und die Hüften verformt, eine ebenso häufige
wie verheerende Folge der Tuberkulose. Die Entzündung
kann die Haut durchstoßen und die Gelenke und Knochen
werden löchrig wie ein Sieb. Dr. Carl und Dr. Emil Beck,
orthopädische Chirurgen am North Chicago Hospital, entwickelten eine Behandlungsmethode, bei der sie die Hohl-
räume in den Knochen und Gelenken mit einer Paste ge-
mischt aus basischem Wismutnitrat und Petroleum-Gelee
füllten. Das hatte zwei Vorteile: Röntgenbilder konnten
die inneren Zerstörungen zeigen und das Schwermetall
Wismut konnte auf chemotherapeutischem Wege die Tuber-
kelbakterien direkt vernichten. Diese Fotografie eines
siebenjährigen Jungen in einem fortgeschrittenen Stadium
der Erkrankung ist für die medizinische Fotografie recht
ungewöhnlich, da sie auch die Ärzte zeigt. Laut Dr. Stanley
Burns, einem eifrigen Sammler von frühen Medizin-Foto-
grafien, war die Becksche Methode vor dem Aufkommen
der Antibiotika „eine drastische Behandlung einer dras-
tischen Krankheit" und so ist vielleicht der Stolz auf ihre
Errungenschaften die Erklärung für die Anwesenheit der
Ärzte auf diesem Bild.

Schmerz

7.   **Dr. Emil Beck**
        Amerika, Daten unbekannt
        Junge mit tuberkulösen Abszessen der Hüftgelenke
        1909
        Gelatine-Silberdruck

Result In Hip Joint Disease By Prophylactic Method.
[Stereo 18.]

⁋ This boy, seven years old, developed a tuberculous hip joint at the age of two years. An abscess followed and was incised and drained four years ago. A shortening of three and one-half inches resulted and the sinus continued to discharge for two years, until I made the first injection of bismuth paste in April, 1908. The sinus then closed, and with the aid of a high shoe the boy could run about just as his healthy comrades could. In September, 1909, sixteen months after closure, he fell from steps, and within three days developed a very painful swelling in his hip, with a temperature of 103°. For three weeks he was treated with liniments, but the fever persisted, and the boy became very much emaciated and feeble.

⁋ In October, 1909, he was brought to me for the bismuth treatment. The prophylactic method was carried

Stereo 18.   **Serial** № 252

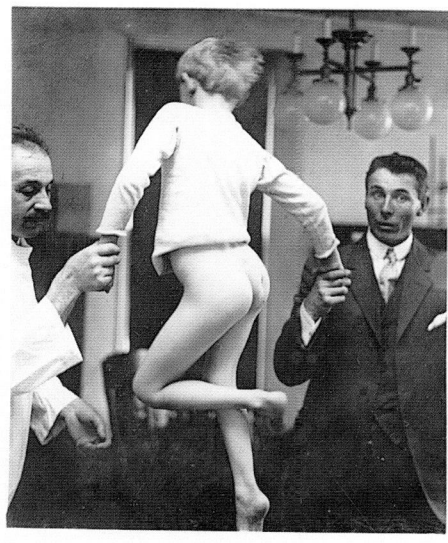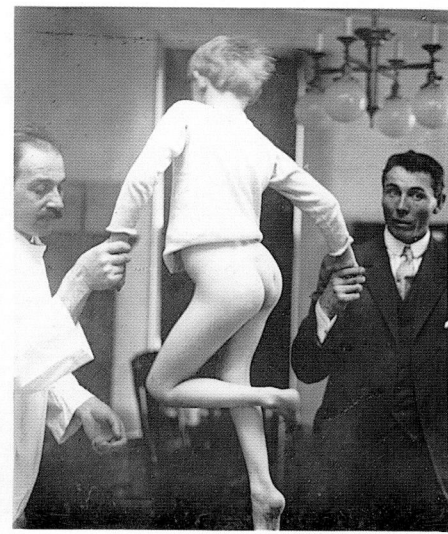

Maler und Fotografen haben durch ihr Werk, häufig aber auch durch ihre Lebensweise einen großen Beitrag zur Befreiung des Körpers geleistet. Edvard Munch zum Beispiel malte Akte und fotografierte sich dabei selbst. Die Fotografen von *académies* oder Hilfsmitteln für Künstler versahen die Bilder in der Intimität ihrer Ateliers häufig mit erotischen Tendenzen. Die ersten Jahre des 20. Jahrhunderts erlebten eine entscheidend neue Entwicklung in der Darstellung des Körpers, die nur noch wenig an die symbolistischen Abbildungen in der künstlerischen Fotografie oder die positivistischen und realistischen Ansätze erinnerte, wie man sie in der medizinischen und wissenschaftlichen Fotografie fand. Auf einmal tauchte „natürliche" Nacktheit begleitet von einem Trachten nach Ursprünglichkeit auf. Anders als ihre Vorgänger konnten die Fotografen des 20. Jahrhunderts ohne Probleme im Freien arbeiten und daher die kulturellen Anzeichen des Studios wie klassische Säulen und Orientteppiche durch natürliche Motive ersetzen. Seit der Jahrhundertwende wurden nackte Männer, Frauen und Kinder, als Paare oder in Familiengruppen, akzeptierte Motive in der Fotografie, besonders im nördlichen Europa, wo der Nudismus einen besonderen Einfluss hatte. Diese Bilder, oft bar jeder Sentimentalität und offensichtlich erregender Intentionen, brachten eine neue Moral mit sich, die ihre Ursprünge in den verschiedenen Theorien über die Herkunft der Menschheit hatte. Die Natur kommt dem Garten Eden nahe und der Mensch der Natur. Christliche Mythen verbinden sich in ihrem Widerstand gegen den Puritanismus mit heidnischen.

Ikonen

8. **Unbekannter Fotograf**
    Ohne Titel
    Undatiert
    Postkarte. Reproduktion eines
    unbekannten Originalabzuges

Baron Wilhelm von Gloeden hatte in Deutschland ein Studium der klassischen Malerei abgeschlossen, ehe er aus gesundheitlichen Gründen nach Italien ging und sich in einer Villa oberhalb von Taormina in Sizilien niederließ.

Dort führte ihn Wilhelm Plüschow, ein entfernter Cousin, der damals in Neapel lebte, in die Fotografie ein. Umgeben von romantischen alten Ruinen begann von Gloeden zunächst mit Landschaften, wandte sich aber schon bald dem menschlichen Körper zu. Seine Akte, überwiegend von Knaben und jungen Männern, wurden auf seiner phantastischen Terrasse mit Blick über das Meer oder in der nahen natürlichen Umgebung aufgenommen. Junge Mädchen waren zweite Wahl und wahrscheinlich nur deswegen auf dem Bild, um seine homoerotischen Interessen zu verbergen. Ganz sicher waren sie abgebildet, weil es einen Markt für Bilder von nackten Heranwachsenden beiderlei Geschlechts gab. Gipsmodelle, Vasen, Säulen oder Leopardenfelle, Schäferstäbe und Flöten verliehen der herausgestellten Unschuld der Modelle einen antiken Anstrich. Die hoch theatralischen Inszenierungen von Gloedens waren in Europa äußerst populär. Er hatte einen derartigen Ruf, dass zahlreiche bekannte Persönlichkeiten wie Anatole France, Richard Strauss und Oscar Wilde ihn besuchten. Von Gloedens männliche Akte waren für Betrachter mit homoerotischem Interesse „respektabel", weil sie auf die Gebräuche des klassischen Griechenlands verwiesen. Damals erfreuten sich ältere Männer an sexuellen Beziehungen zu jungen Männern und halfen diesen im Gegenzug, sich gesellschaftlich zu etablieren. Selbst diejenigen, die keine homoerotischen Interessen hatten, bewunderten die Arbeiten als Beispiel des „natürlichen Zustandes" der „primitiven Völker des Mittelmeeres", die von der Zivilisation noch unberührt waren. So wurden Mythen und Verlangen kunstfertig mit dem nicht zu verleugnenden Realismus der Fotografie verwoben.

Verlangen

9. **Wilhelm von Gloeden**
Deutschland, 1856 – 1931
Ohne Titel
Um 1910
Gelatine-Silberdruck

In der zweiten Hälfte des 19. Jahrhunderts wurde den Fotografen, die sich an den Akt heranwagten, insbesondere denen in der Art der Piktoralisten, aus verschiedensten Gründen vorgehalten, sie imitierten die Akte der schönen Künste. Aktfotografien wurden als Hilfsmittel für Maler und Bildhauer her- oder für pornografische Zwecke und in respektable Zusammenhänge gestellt, um die Zensur zu überlisten. Besonders erfolgreich in dieser Hinsicht waren biblische Motive und mythologische Szenen. Gegen Ende des Jahrhunderts bediente sich die seriöse künstlerische Aktfotografie zunehmend der konventionellen Darstellungsweisen der schönen Künste, kurz gesagt, eben dieser biblischen und mythologischen Motive. Wenn wir die Abbildungen aus heutiger Sicht betrachten, können wir wegen fehlender dokumentarischer Daten (bei den meisten Fotografien fehlen die Angaben über Autor, Zeit und Ort der Aufnahmen) über die Intentionen der Macher nur Vermutungen anstellen. Dieser Fotograf hat eine dezidiert erotische Tendenz. Die Aufnahme kann aber auch als Hilfsmittel für Künstler gedacht gewesen sein, da sie in *Le Nu esthétique*, die viele Maler und Bildhauer abonniert hatten, veröffentlicht wurde. Der griechische Mythos des Kentaur, eines Mannes mit dem Körper eines Pferdes, brutal, grausam und schnell bereit, Frauen zu verführen, beruht ausdrücklich auf Erotik und Gewalt. Die hier gezeigte Szene stellt die Tötung des Rhoikos durch die Jungfrau Atalante nach einer versuchten Vergewaltigung dar. Um die Jahrhundertwende war die sexuelle Begegnung mit Tieren ein beliebter Gesprächsstoff in intellektuellen Kreisen, aber kein Diskussionsthema in der feinen Gesellschaft. Dieses Bild wurde um 1910 aufgenommen, aber verglichen mit den zu dieser Zeit entstandenen „modernen" Akten der Piktoralisten hat es sehr dekadente Züge, die an das späte 19. Jahrhundert denken lassen.

Fiktion

10. **Unbekannter Fotograf**
Kentaur
Um 1910
Gelatine-Silberdruck

Im 19. Jahrhundert nahmen die Fotografen für ihre pornografischen Bilder, die damals auf dem Schwarzmarkt mit Profit gehandelt wurden, häufig Prostituierte und arbeitslose Schauspielerinnen. Die Fotografie von Ernest James Bellocq bleibt jedoch irgendwie mysteriös. Über sein Leben weiß man wenig mehr, als dass er ein kommerzieller Fotograf war, der sich auf gewerbliche Arbeit spezialisiert hatte. Noch weniger weiß man über seine Intentionen während der Zeit, in der er in den Bordellen von Storyville, dem berüchtigten Rotlichtbezirk in New Orleans, Porträts von Prostituierten im Stile der Jahrhundertwende anfertigte. 1958 von dem amerikanischen Fotografen Lee Friedlander entdeckt und anschließend mit Beifall veröffentlicht, zeigen die Storyville-Porträts von Bellocq sein außerordentliches Auge. Sie lassen einen aber auch völlig perplex zurück. Warum sind sie aufgenommen worden? Warum und von wem wurden einige Gesichter aus den Negativen herausgekratzt? Könnte es sein, dass Bellocq einen Katalog für wohlhabende Kunden erstellen wollte? Wenn das der Fall war und man davon ausgeht, dass er die Einwilligung der Frauen hatte (ein nahe liegender Gedanke, angesichts der Gesten und Posen und erst recht, da er dort ungehindert Zugang hatte), wieso sollte jemand es für notwendig erachtet haben, ihre Identität auszulöschen? Mit Sicherheit wohl, um die Anonymität zu wahren. Das aber hätte während der Aufnahmen durch kokettes Verdecken der Gesichter mit einem Handschuh oder einem Fächer sehr viel eleganter gelöst werden können. Wir können nur vermuten, dass jemand befürchtete, das Material könne öffentlich bekannt werden. Bellocq selber? Eine der Frauen? Da wir über keine gesicherten Informationen verfügen, bleibt alles Spekulation.

Verlangen

11. **Ernest James Bellocq**
     Amerika, 1873 – 1949
     Ohne Titel
     Um 1912
     Gelatine-Silberdruck

Lehnert und Landrock, die sich 1904 in Tunesien niederließen, machten sich in der westlichen Welt sehr schnell einen Namen durch die große Verbreitung von fotografischen Drucken, Fotogravuren, Alben und Postkarten, die sie nach Originalfotografien herstellten, die Lehnert von seinen vielen Reisen mitbrachte. Von 1904 bis zum Beginn des Ersten Weltkrieges arbeitete Lehnert unermüdlich in Algerien und Tunesien, während Landrock die geschäftliche Seite der Partnerschaft von einem gemieteten Laden aus leitete. Jeder der Männer hatte einen eigenen arabischen Palast in der Altstadt von Tunis. In seinem produzierte Lehnert Akte, die wegen ihrer schwülen orientalischen Erotik heiß begehrt waren. Nach Napoleons Feldzug nach Ägypten 1799, Champollions Entdeckung des Steins von Rosette 1822 und dem Erwachen des Romantizismus nach Byrons Tod 1824, nährte eine Fülle von Literatur bis zum Ende des 19. Jahrhunderts den Mythos vom Orient. Dieser bestand aus einer lebendigen Mischung von wissenschaftlichen Untersuchungen, besonders den Ergebnissen archäologischer Ausgrabungen, genuinem Interesse an anderen kulturellen Praktiken, kolonialen Vorurteilen und einer Fülle erotischer Phantasien. Außer den durch die Bibel angeregten dramatischen Bildern und den sinnlichen Bildwerken verbreitet durch *Tausendundeine Nacht* gab es mehr als genug Anregungen für eine Flut von Gemälden, Romanen, Gedichten und schließlich auch Fotografien.

Verlangen

12.   **Rudolf Lehnert / Ernst Landrock**

Böhmen, 1878 – 1948 / Sachsen, 1878 – 1966

Tunesien

Um 1912

Gelatine-Silberdruck

Im Jahr 1915, 13 Jahre nachdem Stieglitz die innovativsten amerikanischen Piktoralisten in der Photo-Secession, einer Bewegung, die hauptsächlich für die Unabhängigkeit vom akademischen Establishment eintrat, zusammengebracht hatte, war er der unbestrittene Anführer einer der beiden Fraktionen. Die eine favorisierte die Objekte und Sichtweise der Malerei, während die andere, die Gruppe von Stieglitz, sich auf rein „fotografische Themen und Strukturen" konzentrierte. Der Kritiker Charles H. Caffin erkannte schon früh, Stieglitz sei von seiner Überzeugung und seinem Instinkt her ein Vertreter der „direkten" Fotografie, da er sich überwiegend im Freien betätigt, mit kurzen Belichtungszeiten arbeitet, das Posieren seinen Modellen überlässt und auf die Ergebnisse rein fotografischer Mittel vertraut. Das beschreibt perfekt die hier abgebildete Studie. In dieser Bearbeitung des Themas der Badenden, einem traditionellen Motiv in Malerei und Bildhauerei, wenn auch noch nicht der Fotografie, schafft Stieglitz eine sehr atmosphärische Vision des Körpers. Mit vollendeter Kunstfertigkeit fängt er den strahlenden Sonnenschein des Sommers, die Anziehungskraft der kalten Wasser des Sees und die ungezwungene Art der Frau in dieser Umgebung ein. Gleichzeitig behandelt er den Körper wie eine natürliche Skulptur – abgerundet, solide, aber schön ausbalanciert auf seinem „Podest", dem gestreckten, starken Bein. Es ist zugleich auch bildnerisch gesehen ein klug balancierender Vorgang: ein Bild, das teils Porträt, teils klassischer weiblicher Akt, zum Teil Skulptur und zum Teil abstrakte Form ist. Das Ganze widersetzt sich aber der Abstraktion und verbleibt im Rahmen des Realismus, bis auf einen kleinen, aber signifikanten Hauch: die weich gezeichnete Vegetation der fernen Küste. Wie es Stieglitz dem jungen Edward Steichen bei ihrem ersten Zusammentreffen sagte: „Sehen Sie meine Abzüge, das Auge vermag ganz über sie hinwegzuwandern und findet überall Erfüllung … nichts darf unberücksichtigt bleiben."

Form

13. **Alfred Stieglitz**
Amerika, 1864–1946
Ellen Morton am Lake George
1915
Gelatine-Silberdruck

Die Soldaten des Ersten Weltkrieges kehrten aus den Schützengräben mit furchtbaren Verwundungen zurück. Am fürchterlichsten waren, sowohl für die Opfer als auch für die Gesellschaft, die Gesichtsverletzungen. Fehlende Gliedmaßen konnten zum Teil verborgen oder, wie primitiv auch immer, ersetzt werden. Die Entstellungen im Gesicht jedoch waren für alle zu sehen. Das Militär hatte Interesse, die Gesichter der Soldaten „zusammenzuflicken", sowohl aus Gründen der „Öffentlichkeitsarbeit", als auch um die Soldaten nach ihrer Rehabilitation wieder an die Front schicken zu können. In den allerschlimmsten Fällen wurden häufig Masken verwendet. Viele sehr bekannte Bildhauer haben Jahre ihres Lebens für deren Herstellung aufgewandt. Deutsche und österreichische Ärzte waren in der Gesichtschirurgie führend. Verschiedene Techniken wurden jedoch auf beiden Seiten der Front praktiziert. An der Kriegszahnklinik der IV. Armee im polnischen Lublin mit ihren besonders weit entwickelten Verfahrensweisen wurden vor den Operationen Wachsmodelle der Verwundungen hergestellt. Jede einzelne Stufe der Rekonstruktion wurde fotografiert und man kann sich kaum einen dramatischeren Kontrast vorstellen als diese „Vorher-Nachher-Fotografien" mit dem triumphalen Endergebnis neben dem Modell der ursprünglichen Verwundung. Aus nahe liegenden Gründen hatten das Militär und die politisch Verantwortlichen kein Interesse daran, diese Fotografien in die Hände der Anti-Kriegs-Demonstranten fallen zu lassen. Dieses Risiko wurde jedoch abgewogen gegen den bedeutenden Wert der medizinischen Dokumentation und, nicht zu vergessen, den äußerst menschlichen Wunsch, solch bahnbrechenden Erfolge der Chirurgie zu feiern.

Schmerz

14. **Unbekannter Fotograf**

Soldat des Ersten Weltkrieges mit Wachsmodell
seiner Verwundung, Lublin, Polen
1917
Gelatine-Silberdruck

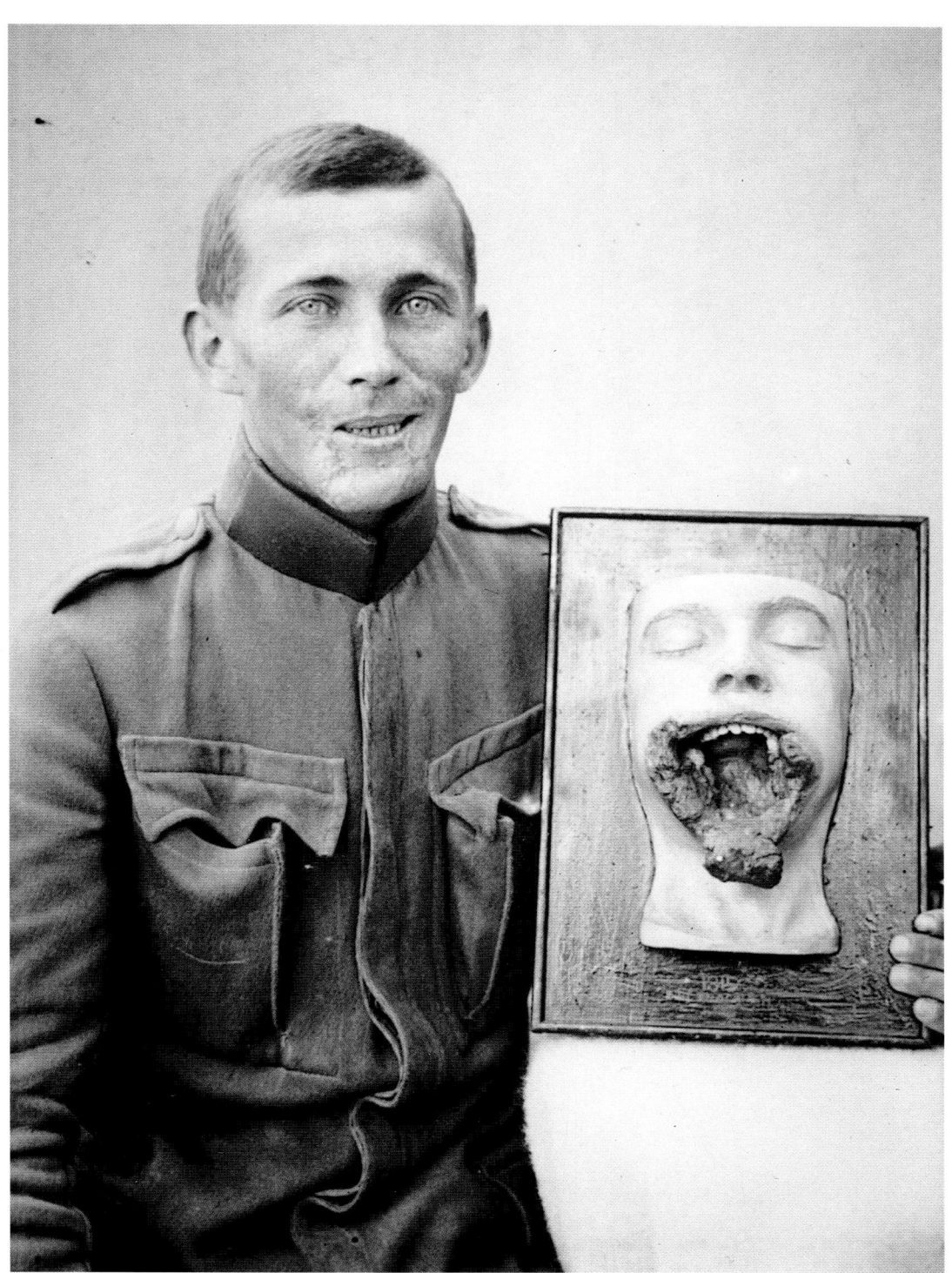

Edward Steichen begann seine brillante Karriere als pikto-
ralistischer Fotograf und er schuf stimmungsvolle dunkle
Kompositionen, von denen er hoffte, sie könnten dem gerade beginnenden Medium der Fotografie den Status der
schönen Künste verschaffen. Um die 20er-Jahre des 20. Jahrhunderts hatte er den Piktoralismus lange hinter sich
gelassen und sich statt dessen für eine lebendige, gröbere
Sichtweise entschieden, die auf ausufernde Details ver-
zichtete. Wie der Fotohistoriker Dennis Longwell ausführt,
repräsentierte Isadora Duncan, die Wegbereiterin des
modernen Tanzes, für Steichen „ein revolutionäres Symbol,
weil ihr Freiheitsstreben dem [Steichens eigenem] Kampf um
die Akzeptanz der Fotografie als eines den künstlerischen
Ausdrucksformen angemessenen Mediums glich." Duncan
stellte den klassischen Tanz mit seiner kostbaren Welt der
„points und tutus" grundsätzlich in Frage. Sie tanzte bar-
füßig in einer Tunika und suchte ihre Inspirationen in den
Idealen des klassischen Griechenlands und erprobte Bewegungen und Gesten, die ihr tiefstes Verlangen auszudrücken
vermochten. Steichen war eingeladen, Duncan und ihre
Schüler nach Athen zu begleiten. Jeden Morgen stiegen sie
hinauf zur Akropolis. Dem Fotografen zufolge war sie eines
Tages in einer widerborstigen Stimmung und weigerte sich,
etwas aufzuführen. Die Tänzerin selber bestand darauf,
sie sei von der Umgebung so überwältigt, dass sie nur eine
einfache Pose darbieten könne. Gleichgültig warum, es war
ausreichend, dass sie eine einzige bezeichnende edle Geste
machte, wie um zu sagen: „Das hier ist meine wahre Welt."
Steichen gelang eine meisterhafte Studie, indem er sich
entschied, die Künstlerin als eine winzige Figur eingerahmt
von der beeindruckenden Architektur der Steine zu zeigen.
Der Aufbau des Bildes in einem rhythmischen Kontrast von
Licht und Schatten und wie er dabei der Bühne, auf der die
Duncan steht, besondere Brillanz verleiht sowie den wunderbar nuancierten Strukturen von Steinen und Kleid,
zeigen, in welchem Ausmaß er die Ausdrucksmöglichkeiten
seines Medium gemeistert hatte.

Ausdruck

15.   **Edward Steichen**
Amerika, 1879–1973
Isadora Duncan in den Säulenhallen des Parthenon
1921
Getönter Gelatine-Silberdruck

James Abbe, einem der Pioniere der Porträtfotografie, ist es bereits zu einer Zeit, als die anderen Fotografen ausschließlich in Studios arbeiteten, gelungen, einen eigenen originellen Stil zu kreieren. Er besuchte regelmäßig die Drehorte in Hollywood und die New Yorker Theater. Der Fotograf scheint die hier abgebildeten Kabaretttänzerinnen unerwartet hinter der Bühne in gedämpftem Licht eingefangen zu haben. Während er den Eindruck erweckt, die entspannte Intimität hinter den Kulissen wiederzugeben, hat er dieses Bild jedoch penibel arrangiert. Selbst die scheinbar erstaunten Ausdrücke und Posen der Modelle sind sorgfältig inszeniert.

Berühmt durch seine Porträts von Filmstars wie Gloria Swanson, Mae West und Rudolph Valentino, ließ sich Abbe 1923 in Paris nieder, als diese Stadt die internationale Modemetropole war. Er veröffentlichte seine Bilder in *Saturday Evening Post, Motion Picture Classic und Harper's Bazaar*. Er war der erste Fotograf, der die glamouröse Abbildungsweise der Unterhaltungsimperien in Hollywood und New York nach Europa brachte, und er wurde rasch imitiert.

Verlangen

16. **James Edouard Abbe Sr.**
Amerika, 1883 – 1973
In den Folies-Bergère
1924
Gelatine-Silberdruck

Die meisten der frühen Aktfotografien für voyeuristische
Zwecke wurden in Ateliers aufgenommen. Zum Teil geschah
dies, um die nackten Modelle vor neugierigen Blicken zu
schützen (das war wichtig für die Fotografen, die während
der Stunden des Tages dem ehrenwerten Geschäft der
Porträtfotografie nachgingen), und zum Teil deswegen, weil
die große Nachfrage nach derartigen Bildern eine schnelle
Produktion in großer Stückzahl erforderlich machte.
Aufgrund der klimatischen Verhältnisse in weiten Teilen
Europas und der Vereinigten Staaten beschränkte sich eine
derartige Fotografie im Freien auf wenige Monate des
Jahres und auf einige Tage in diesen Monaten. Von daher
war es nur logisch, dass für diese in der Tat industrielle Form
der Produktion den Ateliers der Vorzug gegeben wurde.
In diesen konnten verschiedene Requisiten und Dekorations-
elemente einbezogen werden, wie zum Beispiel Aktskulp-
turen, die den erotischen Charakter noch verstärkten oder
den Bildern einen falschen künstlerischen Glanz verliehen.
Ein anderes Motiv, das es den Fotografen unter der Beteu-
erung lauterer Absichten gestattete, nackte weibliche
Körper – abgesehen jedoch von den fehlenden Genitalien –
zu zeigen, war der Tanz. Der unbekannte Fotograf, der diese
drei Grazien posieren lässt, wollte sie mit ihren heroischen
Posen und vornehmen Gesten in die Tradition der klassischen Akte des Altertums stellen.

Ikonen

Ungeachtet seiner amerikanischen Anfänge fühlte sich Emmanuel Radnitzky in seiner europäischen Reinkarnation als Man Ray, einem Namen voller moderner Assoziationen, viel wohler. Als er sich 1921 in Paris niederließ, wurde er zu einem Leuchtfeuer der dadaistischen und der surrealistischen Bewegung. Er war ein Maler und Fotograf, der Konventionen hasste und argumentierte: „Es gibt Wichtigeres im Leben, als zu kopieren."

Man Ray machte Fotografien nicht nur mit der Kamera, sondern auch ganz ohne irgendeinen fotografischen Apparat. Diese Bilder nannte er „Rayogramme". Er unterbelichtete, überbelichtete und er fertigte Positiv-, Negativ- und kombinierte Positiv-Negativ-Abzüge. Er setzte seine Abzüge während des Entwicklungsprozesses weißem Licht aus, seit ihm ein Missgeschick gezeigt hatte, wie man den Sabattier-Effekt, besser als Solarisation bekannt, ästhetisch nutzen konnte. In *Violon d'Ingres* benutzte er die Technik der Fotomontage und ein in der Malerei tradiertes Motiv – eine Odaliske posierend im Stil von Ingres' *Rückenakt* von 1907 – und veränderte es subtil durch das Hinzufügen der f-förmigen Schalllöcher des Streichinstruments. Die Violine war Ingres' zweite Leidenschaft, daher der Titel „violon d'Ingres". Man Rays anspielungsreiches Bild suggeriert jedoch, dass Ingres' Liebe zur Violine und seine Liebe für den weiblichen Körper zwei Seiten der gleichen Medaille waren. Aus der Beurteilung der vielen Akte, Porträts und erotischen Modefotografien für *Harper's Bazaar* von Man Ray, ist es nur angemessen, die Schlussfolgerung zu ziehen, dass er ebenso von den Körpern der Frauen fasziniert war. „Das Erwachen des Verlangens", schreibt er, „ist der erste Schritt zu Teilnahme und Erfahrung". *Violon d'Ingres* ist daher eine Hommage an die Frau und an das Medium der Fotografie mit seiner einzigartigen Kraft der Synthese als des Inbegriffs der Moderne.

Fiktion

18. **Man Ray (Emmanuel Radnitzky)**
Amerika, 1890 – 1976
Violon d'Ingres
1924
Gelatine-Silberdruck

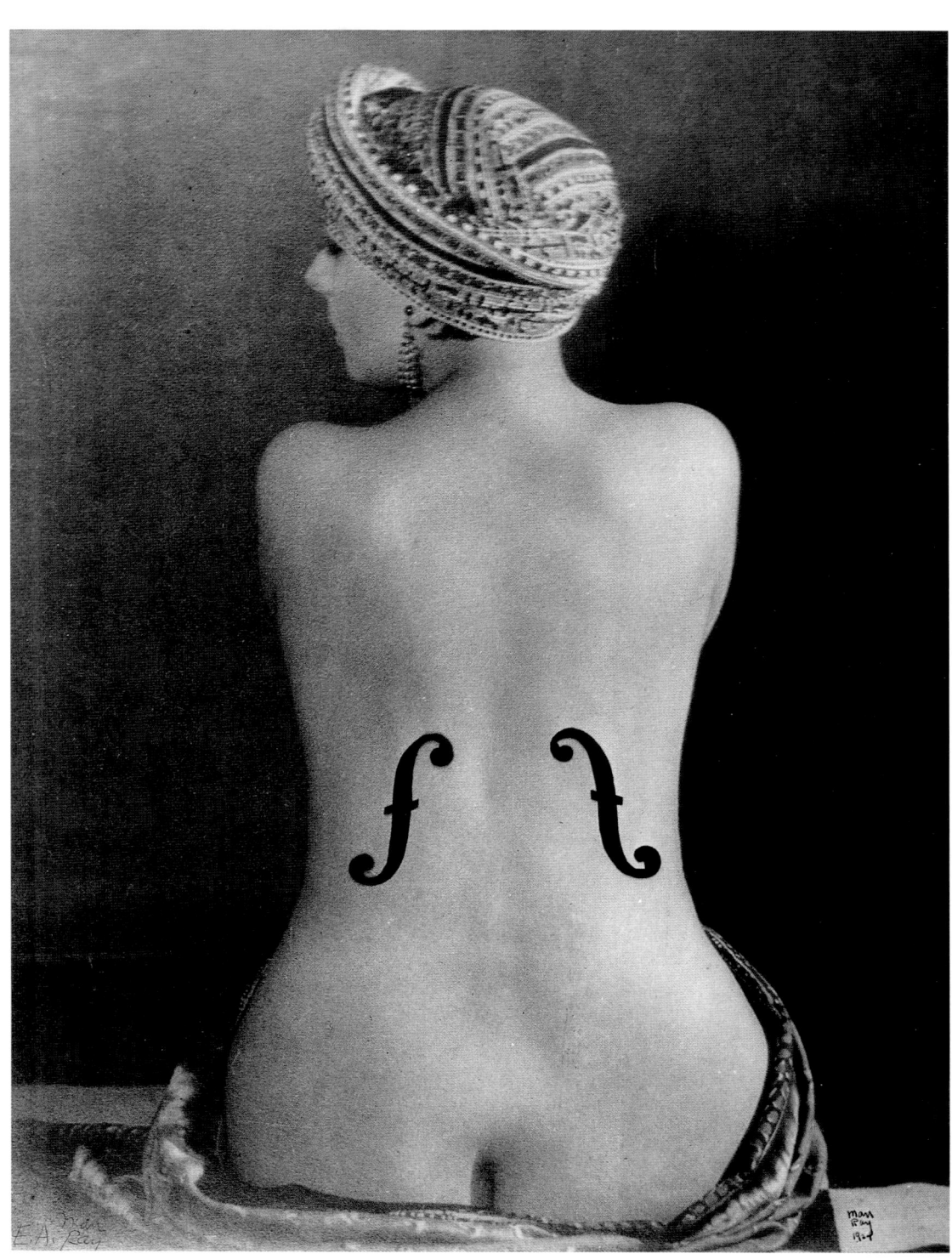

Das frühe Leben von Albert Rudomine lässt eine gewisse
Ruhelosigkeit vermuten. In Russland geboren, emigrierte
er zunächst nach Frankreich und dann in die Vereinigten
Staaten von Amerika, bevor er 1917 nach Paris zurückkehrte.
Zwei Jahre später arbeitete er als Modezeichner. 1921
eröffnete er, offensichtlich von der Fotografie angezogen,
ein eigenes auf Porträts und Akte spezialisiertes Studio.
Rudomines Stil ist durchaus paradox. In Komposition und
Bildausschnitt modern, leuchtete er seine Modelle gerne
in einer eher dem Idiom der Piktoralisten angemessenen
Dramatik aus und bevorzugte für seine Abzüge das Bromöl-
Verfahren, wie es im späten 19. Jahrhundert favorisiert
worden war. Seine Akte sind hoch stilisiert und dramatisch.
Die hier gezeigte Mischung aus Akt und Porträt soll offensichtlich eine spannungsgeladene Sportszene darstellen:
der Start, der Augenblick, in dem die Muskeln auf das
Äußerste angespannt sind und das Ergebnis ungewiss ist.
Wir erfahren den Namen des Athleten nicht. Es scheint
weniger Rudomines Interesse zu sein, ein Individuum zu
feiern, als den athletischen männlichen Körper als Ikone zu
zelebrieren: eine wunderbar konditionierte Maschine,
deren Muskulatur durch das Spiel von Licht und Schatten
noch stärker hervorgehoben wird. Rudomine hat mit Erfolg
die Dynamik des Sports mit der Sinnlichkeit verschmolzen,
die gemeinhin mit dem Akt assoziiert wird.

Ikonen

19.   **Albert Rudomine**
Frankreich, geb. in Russland, 1892 – 1975
Olympiasieger
1925
Gelatine-Silberdruck

Von Anfang an verspürte die Fotografie die Verlockungen des Magischen, Paranormalen und des Übermenschlichen: der Zauberkünstler, der Sterndeuter, der starke Mann im Zirkus, der Elefantenmann, die kleinste Frau der Welt. Mit dem Aufkommen der Fotografie konnte man sich die Magie der Zirkuswelt und des Kuriositätenkabinetts ins Haus holen. Für jene, die sich völlig auf die Wirklichkeitstreue dieses Medium verließen, war eine Fotografie der unbezweifelbare Beweis dafür, dass eine bestimmte Person tatsächlich existierte oder ein bestimmtes Ereignis wirklich stattgefunden hatte.

Ein solcher Glaube wird durch die hier gezeigte Fotografie suggeriert. Außer der Tatsache, dass jemand diese Aufnahme gemacht haben wollte, wissen wir nichts darüber. Der Aufnehmende wie auch der Dargestellte sind unbekannt. Zeit und Ort kennen wir nicht und der Vorgang selbst bleibt vieldeutig. Betrachten wir die Illusion eines Magiers, einen Trick aus der Dunkelkammer oder durchdringt hier wirklich eine Stahlnadel einen realen Arm? Wir registrieren, der Dargestellte zeigt keine Anzeichen von Schmerz. Entweder hat er gelernt, sein Schmerzempfinden zu unterdrücken, oder er weiß, wie man die Prozedur schmerzlos erdulden kann. Bestimmte Hinweise lassen vermuten, dass es sich um einen Unterhaltungskünstler handelt, der diese Aufnahme für Werbezwecke herstellen ließ. Das Make-up des Mannes, seine übertrieben gefühllosen Züge und die Art, wie er das Kunststück präsentiert – das Gesicht im Profil, den Arm ausgestreckt – sind typisch für die Theatertradition. Der Stil der Ausleuchtung, der präzise Ausschnitt (achten Sie auf die Schatten) und die prächtig modellierte Nackenmuskulatur verweisen darauf, dass die Aufnahme von einem professionellen Fotografen in einem Studio gemacht wurde. Leider haben weder Fotograf noch Modell sich die Zeit genommen, ihren Namen auf der Rückseite des Fotos zu notieren.

Ausdruck

20.   **Unbekannter Fotograf**

Ohne Titel

Um 1925–1930

Gelatine-Silberdruck

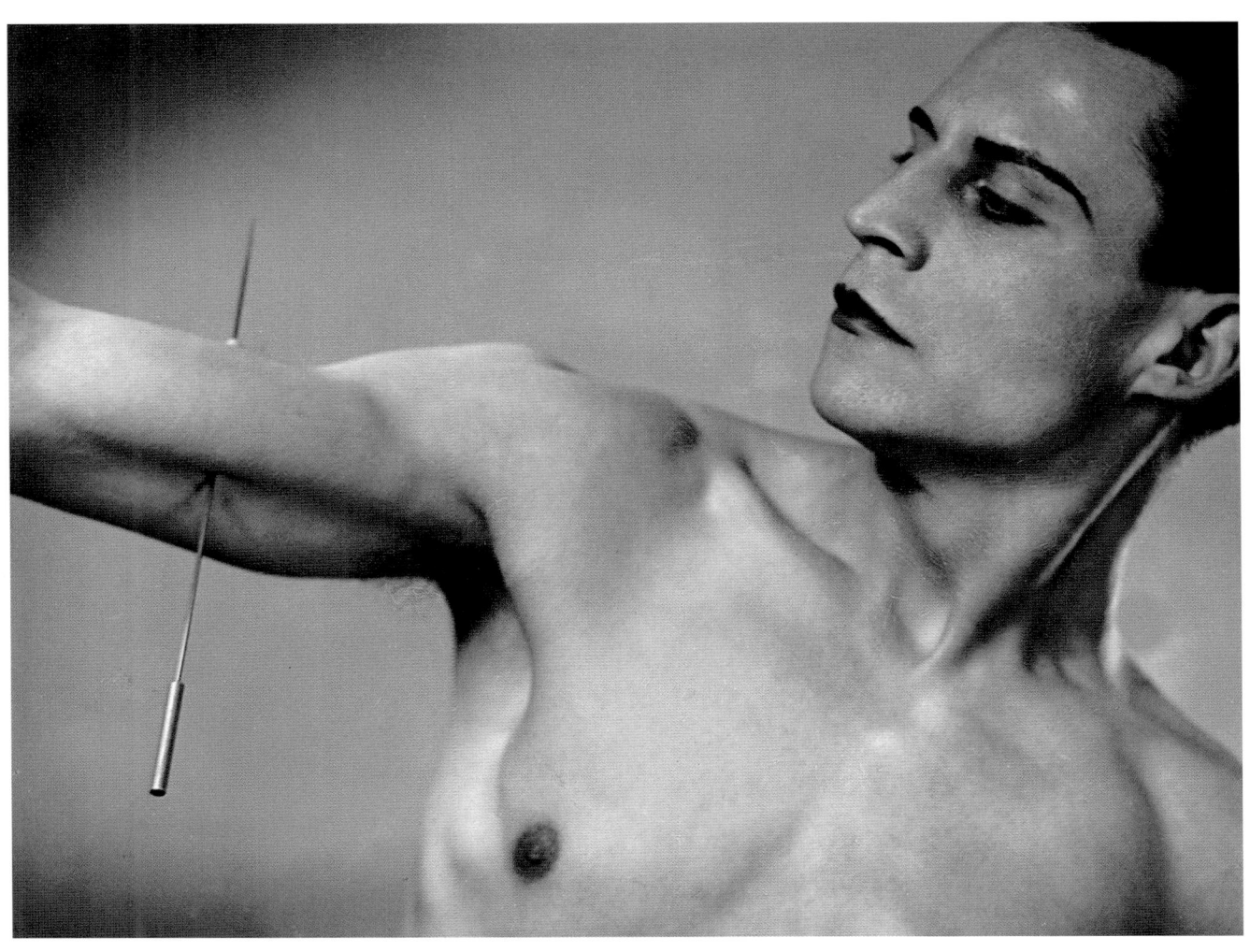

Die Technik verstärkt die Kräfte des Menschen auf vielfältige Weise. Mikroskope, Teleskope und Brillen verleihen unseren Augen übermenschliche Möglichkeiten. Telefone und Radiogeräte ermöglichen es uns, über weite Entfernungen zu hören. Inspiriert von den Techniken seiner Zeit stellte Otto Umbehr oder Umbo, wie er es vorzog genannt zu werden, ein einzigartiges Porträt des „neuen Reporters" – Egon Erwin Kisch – vor. Ein Porträt in der Art der „Neuen Sachlichkeit", dem Stil der innovativen Fotografie dieser Ära. Eine leichtgewichtige Kamera dient als Hinweis auf verbesserte Sehmöglichkeiten (auch wenn Umbo ein wirkliches Auge mit aufnimmt, entweder aus nostalgischen Gründen oder aus einem schleichenden Misstrauen gegenüber den Maschinen). Moderne Hörgeräte vergrößern die Reichweite seines Gehörs. Sein rechter Arm und die rechte Hand bestehen aus einem altmodischen Füllfederhalter, aber bezeichnenderweise wird er nicht benutzt. Die andere Hand indessen schreibt fleißig auf einer Schreibmaschine, deren Ergebnisse von der Druckerpresse, die den unteren Torso bildet, „verdaut" und ausgespuckt werden. Ein Fuß fährt in einem Automobil, der andere endet in einem Flugzeug. So ausgestattet und im Würgegriff der Zeit erhebt sich der neue Fotoreporter in die Lüfte, überwindet Bergrücken und Wolkenkratzer, profitiert von der Sicht aus der Vogelperspektive auf die brodelnden Menschenmassen der Stadt unter ihm. Eine Zigarette weist darauf hin, dass der neue professionelle Lebensstil einhergeht mit dem alten Stress. Diese kombinierte Studie hat viel gemein mit der großen Hymne an das moderne Leben, *Berlin, Symphonie einer Großstadt*, von Walter Ruttmann, für den Umbo als Kamera-Assistent arbeitete, bevor er 1927 mit der Fotografie begann. Umbo hatte ein tiefes Verständnis für das, was den modernen Fotojournalisten ausmachte. Um die Zeit herum, als diese Montage entstand, war der junge Mann zum Studioleiter von Dephot (Deutscher Photodienst) ernannt worden, der ersten kooperativen Fotoagentur. Dort arbeitete er auch als Fotojournalist. Er galt als das fruchtbarste Mitglied dieser Agentur – keine kleine Ehre, wenn man bedenkt, dass Robert Capa und Felix H. Mann auch dazu gehörten – und übernahm Sonderaufgaben über das Straßenleben, Film, Theater und Tanz. Häufig schrieb er auch die Texte. Seine vielfältigen Interessen können zum Teil auf seine Erfahrungen als Student am Bauhaus zurückgeführt werden, wo er Innovationen in allen künstlerischen Bereichen miterlebte und zum ersten Mal mit den Techniken der Collage und Fotomontage experimentierte.

Politik

21. **Umbo (Otto Umbehr)**
Deutschland, 1909 – 1980
Der rasende Reporter (Egon Erwin Kisch)
Um 1926
Gelatine-Silberdruck. Fotomontage

Das außerordentliche, erst jüngst entdeckte Werk von Claude Cahun lässt eines der Kernprobleme des gegenwärtigen gesellschaftlichen Lebens erahnen: die Mehrdeutigkeit und Ambivalenz der Identität. Als Fotografin, Schauspielerin, Autorin und militante Exzentrikerin hat sie sich beinahe 40 Jahre lang mit dem fotografischen Selbstporträt beschäftigt. Mit ihrem koboldhaften Aussehen und den innovativen Inszenierungen war sie eine Wegbereiterin, die ihr eigenes Ich kontinuierlich in Frage stellte, indem sie ihre Erscheinung ständig verwandelte. Auch wenn sie bei weitem nicht die erste Fotografin war, die mit dem Begriff der Selbstidentität spielte, so hatte doch niemand zuvor dieses Genre mit solcher Zielstrebigkeit ausgebeutet. 1923 tauschte sie ihren wahren Namen, Lucy Schwob, gegen das Pseudonym Claude Cahun aus und präsentierte unter dieser neuen Identität intime Bilder ihres eigenen Körpers, in den meisten Fällen mit der Option für eine androgyne Gestalt. In diesem Selbstporträt, in dem sie als Sportler in einem Vergnügungspark vor einem offensichtlich künstlichen Hintergrund posiert, tritt Cahun mit einem kurzen jungenhaften Haarschnitt in Sportbekleidung und Hanteln in der Hand auf. Die Weiblichkeit des Körpers wird durch den Mund, der herzförmig geschminkt ist, und den beiden auf das Hemd genähten Brustwarzen und der Aufschrift: „Ich bin im Training – küss' mich nicht" aufgezeigt. Mithilfe ihrer extremen Theatralik erkundet Cahun das diffizile Terrain der sexuellen Markierungen und stellt die gesellschaftlichen Verhaltensnormen in Frage. Bei ihrem Wechsel zwischen männlichem und weiblichem Geschlecht, in dem sie dem Betrachter jedoch gestattet, die involvierte Theatralik klar zu erkennen, nehmen ihre Selbstporträts die Überprüfungen der Geschlechterrollen in späteren Jahrzehnten durch Künstler wie Pierre Molinier und Cindy Sherman vorweg.

Politik

22. **Claude Cahun**
Frankreich, 1894 – 1954
Selbstporträt
Um 1927
Gelatine-Silberdruck

Mit August Sander verbinden wir lebensgroße Porträtauf-
nahmen und nur wenige würden bestreiten, dass sie zu den
gelungensten Beispielen des Porträts im 20. Jahrhundert
zählen. Sie werden vor allem wegen ihres reich detaillierten
Hintergrundes geschätzt. Der Fotograf war der Überzeugung, die natürliche und soziale Umgebung sei von funda-
mentalem Einfluss auf den Charakter einer Person. Seine
Objekte, Männer, Frauen und Kinder werden fast immer im
Zusammenhang mit ihrer Wohnung oder ihrem Arbeitsplatz
abgebildet. Die Porträts von Künstlern und Intellektuellen
scheinen eine Ausnahme von dieser Regel zu sein.

Er bildet sie meistens vor leeren Wänden ab, da sie nach
Sanders Sicht der Dinge ihr Heim und ihren Arbeitsplatz in
sich trugen. Von daher überrascht es nicht, Sanders Selbstporträt in dieser Weise abgelichtet zu sehen.

Sander hat viele fragmentierte Körperstudien angefer-
tigt, in denen ein Auge, ein Ohr oder ein Mund in extremer
Nahaufnahme das Bild ausfüllt. In dieser Studie seiner
Hände lässt Sander den Blick auf seine Manschetten und
die Aufschläge seiner Ärmel fallen, als ob er damit die
Professionalität seiner Arbeit besonders betonen wolle.
Als er dieses Porträt zwischen 1927 und 1933 anfertigte,
hatte Sander jeden Grund optimistisch und dankbar auf
sein bisheriges Leben zu blicken. Er hatte eine Frau und drei
Kinder, sein Studio war ein kommerzieller Erfolg, er hatte
an nationalen und internationalen Ausstellungen teilge-
nommen und auch Preise gewonnen. Er war gerade dabei,
sein Buch *Antlitz der Zeit* (1929), den ersten Teil seines
ambitionierten Projekts „Menschen des 20. Jahrhunderts",
zu veröffentlichen. Da Sanders Sichtweise so penibel war,
verwundert es anfänglich, dass er hier eine Hommage an
seine Hände und nicht an seine Augen vorstellt. Der Fotograf wusste jedoch, die meisterhafte Technik war ebenso
die Grundlage seiner Kunst wie der Scharfsinn seines Blicks.
Darüber hinaus scheint Sander, wenn er hier tatsächlich
eine Bilanz seines Lebens zieht, seinem Schicksal zu danken:
er war nicht Bergarbeiter wie sein Vater geworden und
so hatte er mit seinen Händen nicht sein Leben lang harte
Arbeit verrichten müssen.

Ausdruck

23.   **August Sander**
           Deutschland, 1876–1946
           Meine Hände
           Um 1927–33
           Gelatine-Silberdruck

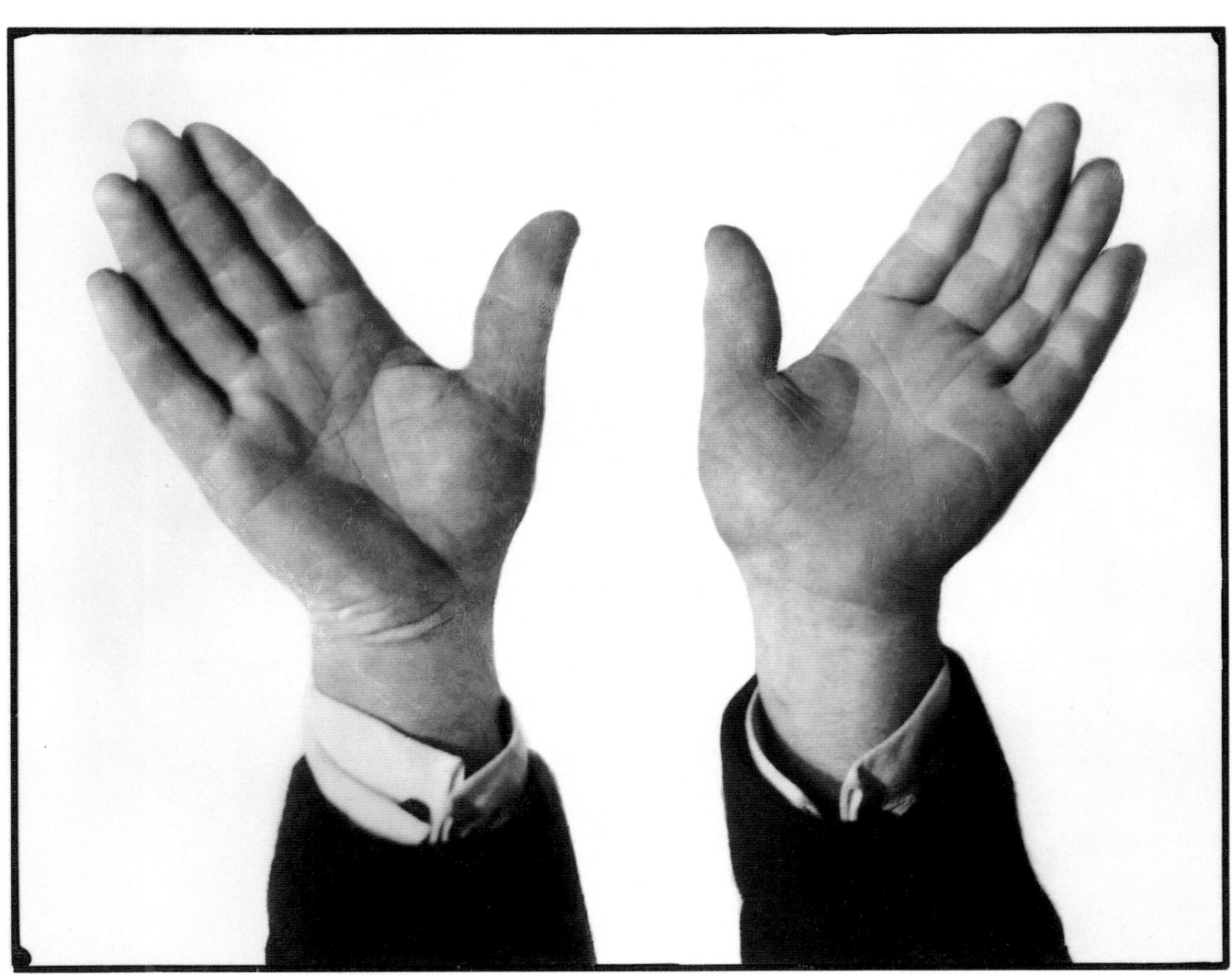

Wie so viele andere Fotografen seiner Generation hatte František Drtikol zwei kreative Leben. Zuerst als Piktoralist, tief beeindruckt von den Prinzipien der Sezessionisten, die er als Student in München kennen lernte, und später, nachdem er Ideen des Expressionismus und des Kubismus aufgenommen hatte, als moderner Fotograf. Er war von den Frauen besessen und das ließ niemals nach. Er hat vielmehr, anders als andere, die seinen Weg vom Piktoralismus in die Moderne gegangen waren, die Symbole und Mythen dieser Phase nie völlig aufgegeben. Wir verspüren noch immer das ferne Echo von Salome und Kleopatra in den Akten, die er in den späten 20er- und 30er-Jahren des 20. Jahrhunderts geschaffen hat. Kein anderes Thema hat, im Unterschied zu den Porträts, die er für seinen Lebensunterhalt machte, seine Aufmerksamkeit in dem Maße gefesselt wie der weibliche Körper. In den Akten von Drtikol ist der Körper im Ganzen in der Art des 19. Jahrhunderts zu sehen, aber auch in Nahaufnahmen wie in den fragmentierten Abbildungen der Moderne. Beiden Herangehensweisen ist jedoch gemeinsam seine Leidenschaft für geometrische Rhythmen, manchmal beseelt von einem stilisierenden Kubismus, manchmal von den sanften Konturen des Art Deco. Sein Verlangen nach Perfektion, sowohl des Bilds als auch des Körpers, brachte Drtikol häufig dazu, den Hintergrund zu korrigieren und das Fleisch zu retuschieren. Gelegentlich, wenn ihn die Geometrie in einem Teil des Bildes fesselte, benutzte er Bildausschnitte, um daraus völlig neue Bilder zu machen. Spät in seinem Arbeitsleben führte Drtikols Suche nach der perfekten Form zur Desillusionierung durch den realen Körper und er begann damit, idealisierte Versionen aus Karton und Holz zu schneiden, der kreative Moment jedoch ging in diesem Prozess irgendwie verloren. Die ökonomische Krise der 30er-Jahre bereitete seiner künstlerischen Fotografie und seinem kommerziellen Geschäft mit dem Studio ein Ende.

Form

24.

František Drtikol
Tschechoslowakei, 1883 – 1961
Ohne Titel
Um 1928
Pigment-Druck

Wie eine Anzahl anderer sehr kreativer Fotografen hat Paul Strand, der in dem weich zeichnenden Stil der Piktoralisten begann, sich der Moderne zugewandt. Zweifellos wurde diese Entwicklung von Alfred Stieglitz und seinen ruhelosen Gefährten beeinflusst. Seit 1907 hatte Strand in den Little Galleries der Photo-Secession die Entwicklungen der europäischen Malerei und Bildhauerei verfolgt und war so durch die Ideen von Picasso, Braque und Brancusi beeinflusst. Als Strand in den Jahren von 1915 bis 1917 ein Werk aus hart fokussierten Arbeiten, die seine Wandlung vom Naturalismus zur Abstraktion markieren, produzierte, pries ihn Stieglitz als einen der bedeutendsten Fotografen dieser Zeit und ehrte ihn mit ausführlichen Veröffentlichungen in dem einflussreichen Magazin *Camera Work*.

Als Strand diesen Akt 1930 fertigte, hatte er sich schon lange als einer der herausragendsten Vertreter der „direkten Fotografie" etabliert. Diese forderten den Gebrauch von großformatigen Kameras mit scharfen Linsen, Kontaktabzüge (mit anderen Worten, keine Vergrößerungen) und die Aufmerksamkeit auf die ganze Bandbreite der Tönungen des Negativmaterials. Dieser draußen in der Sonne Mexikos fotografierte imponierende Akt kombiniert mit Geschick den Realismus mit einer transformierenden Abstraktion: da gibt es keine idealisierende Tendenz, abgesehen von der Tatsache, dass es sich hier um eine reale Frau handelt (selbst die Poren der Haut sind deutlich sichtbar). Die tiefen Schatten unterhalb der Brust jedoch verändern die Konturen entscheidend und rufen die Form einer Skulptur hervor. Mit ihrer Monumentalität und ihrem Sinn für Strukturen weisen die Akte aus Taos starke Ähnlichkeiten mit Strands Abbildungen der Kirche von Ranchos de Taos auf, die er zur gleichen Zeit aufnahm. Es gibt aber auch Hinweise auf Stieglitz' berühmte Aktaufnahmen von Georgia O'Keeffe, die Strand zehn Jahre früher beeindruckt hatten.

Form

25.	**Paul Strand**
	Amerika, 1890 – 1976
	Torso, Taos, Neu-Mexico
	1930
	Gelatine-Silberdruck

Die 30er-Jahre des 20. Jahrhunderts boten vielen Fotografen, die sich mit gesellschaftlichen Ereignissen befassten, exzellente Möglichkeiten, ihre Arbeiten gedruckt zu sehen. Lothar Jeck aus Basel fand in der *Schweitzer Illustrierten*, dem einflussreichen deutschsprachigen Schweizer Magazin, einen guten Abnehmer für seine dynamischen Sportfotografien. Jeck berichtete über viele Sportereignisse innerhalb und außerhalb der Schweiz, darunter auch die Olympischen Spiele von 1936 in Berlin. Seine Fotografie eines Ruderers zeigt ein tiefes Verständnis für die Ziele der „Neuen Sachlichkeit", die zu dieser Zeit die künstlerische Fotografie in Europa veränderte. Indem er das Bild auf das Wesentliche reduziert, bringt er es in ein exquisites Gleichgewicht: der Kopf des Athleten befindet sich genau in der Mitte; der Körper und das Ruder bilden eine kraftvolle Diagonale; die gesamte sich bewegende „Maschine" hebt sich wie eine Silhouette gegen den Himmel ab. Das Boot selber dient als solider Sockel für das, was als eine heroische, lebende „Skulptur" angesehen werden kann. In dieser extrem idealisierten Darstellung des Körpers erkennen wir einen Kult, der Schönheit, Jugend, Stärke und Disziplin anbetet. Auf Leistung getrimmt, kann man Jecks Ruderer als das Symbol einer Gesellschaft, die sich selbst übertreffen will, sehen, einer Gesellschaft, in welcher der Sport und seine idealisierten Repräsentanten zur Verkörperung nationalistischer und militaristischer Tendenzen gebraucht werden konnten und gebraucht wurden.

Form

26.

Lothar Jeck
Schweiz, 1898 – 1983
Aus der Serie *Sport in den 30er-Jahren*
1930
Gelatine-Silberdruck

An einem schönen Sommertag im Jahre 1931 fotografierte die junge moderne Fotografin Imogen Cunningham auf Einladung von Martha Graham, einer Wegbereiterin des modernen Tanzes, diese bei der Arbeit. Das Ereignis fand auf dem Anwesen von Grahams Mutter in Santa Barbara, Kalifornien, statt. Nach der Anzahl der unterschiedlichen Bekleidungsstücke in den Bilderserien, mal ein Unterrock, mal ein Kleid, mal mit unbedecktem Busen usw., scheint Graham ein halbes Dutzend verschiedener „Arbeiten" aufgeführt zu haben. Es ist unklar, ob sie ausgefeilte Bewegungen aus einem größeren Zusammenhang wiederholte, Ideen ausarbeitete oder in sich nach etwas Neuem suchte. Die Bilder jedoch scheinen einen Konflikt oder eine Qual im Inneren auszudrücken, als ob die Tänzerin mit sich widerstrebenden Gefühlen kämpfen würde. Der Unterrock und die beinahe Nacktheit vermitteln den Eindruck eines sehr privaten Augenblicks. Cunningham muss das genauso gespürt haben, weil sie die meisten der Studien in Nahaufnahme gemacht hat. Nur selten ist der Körper der Tänzerin in Gänze zu sehen. Statt dessen konzentriert sich die Fotografin auf die Hände, die Füße, das Gesicht oder bestimmte Körperbereiche.

Diese Bilder sind sehr weit entfernt von den typischen Tanzfotografien dieser Zeit, die sorgfältig in den Studios inszeniert wurden. Dabei wurden die Bewegungen und Gesten der Tänzer zwar in technischer Perfektion, aber mit wenig Ausdruck wiedergegeben. Die Sprödigkeit von Cunninghams Bildern trifft uns wie ein Schlag: Wir nehmen, wie Cunningham, wenn auch nur kurz, Anteil am Schaffen einer wunderbaren Künstlerin.

Ausdruck

27. **Imogen Cunningham**
Amerika, 1883 – 1976
Ohne Titel
1931
Gelatine-Silberdruck

Konventionelle Ideen der Schönheit oder Erotik waren für den Fotografen Roger Parry deutlich nicht von Interesse, als er das Blickfeld seiner Kamera auf ein pralles Lippenpaar verengte. Wie andere französische Anhänger der Neuen Sachlichkeit wollte Parry die Dinge mit frischem Blick sehen. Um das zu erreichen, bediente er sich einer Reihe von Strategien, wie sie von den progressiven Fotografen dieser Zeit angewandt wurden: Techniken des Negativabzuges, schwindelerregend gekippte Horizonte, Frosch- oder Vogelperspektiven, oder, wie hier zu sehen, extreme Nahaufnahmen. Das Ziel war es, den selbstgefälligen Betrachter durch einen isolierten Teil des Körpers, den man normalerweise nicht aus solcher Nähe genau betrachten kann, aus dem Gleis zu werfen. Der Mund befindet sich in der Fotografie normalerweise im Gesicht, wo wir ihm weit weniger Aufmerksamkeit schenken als den Augen. Darüber hinaus taucht der Mund in der Fotografie selten auf, gemessen an den Augen, die lange als das Fenster zur Seele galten. Hier haben wir wegen des isolierten monumentalen Erscheinens dieser Öffnung keine andere Wahl, als uns völlig auf sie zu konzentrieren. Der *Mund* wird als brutale Tatsache präsentiert. Parrys Interesse scheint jedoch nicht das einer klinischen Beschreibung zu sein, da er seinen Gegenstand nicht scharf darstellt. Vielleicht dachte er, eine zu genaue Information – die Nahaufnahme einer Nahaufnahme sozusagen – wäre zu buchstäblich ein Fragment der Realität, während hier die fehlende Deutlichkeit unser Unbehagen erhöht. Für den Fotohistoriker Christopher Phillips suggerieren diese Lippen „zwei wellenförmige Schnecken". Es war, fasst Phillips zusammen, „das Tier" im menschlichen Körper, das den Fotografen fesselte.

Fleisch

28.   **Roger Parry**
Frankreich, 1905 – 1977
Mund
1931
Gelatine-Silberdruck

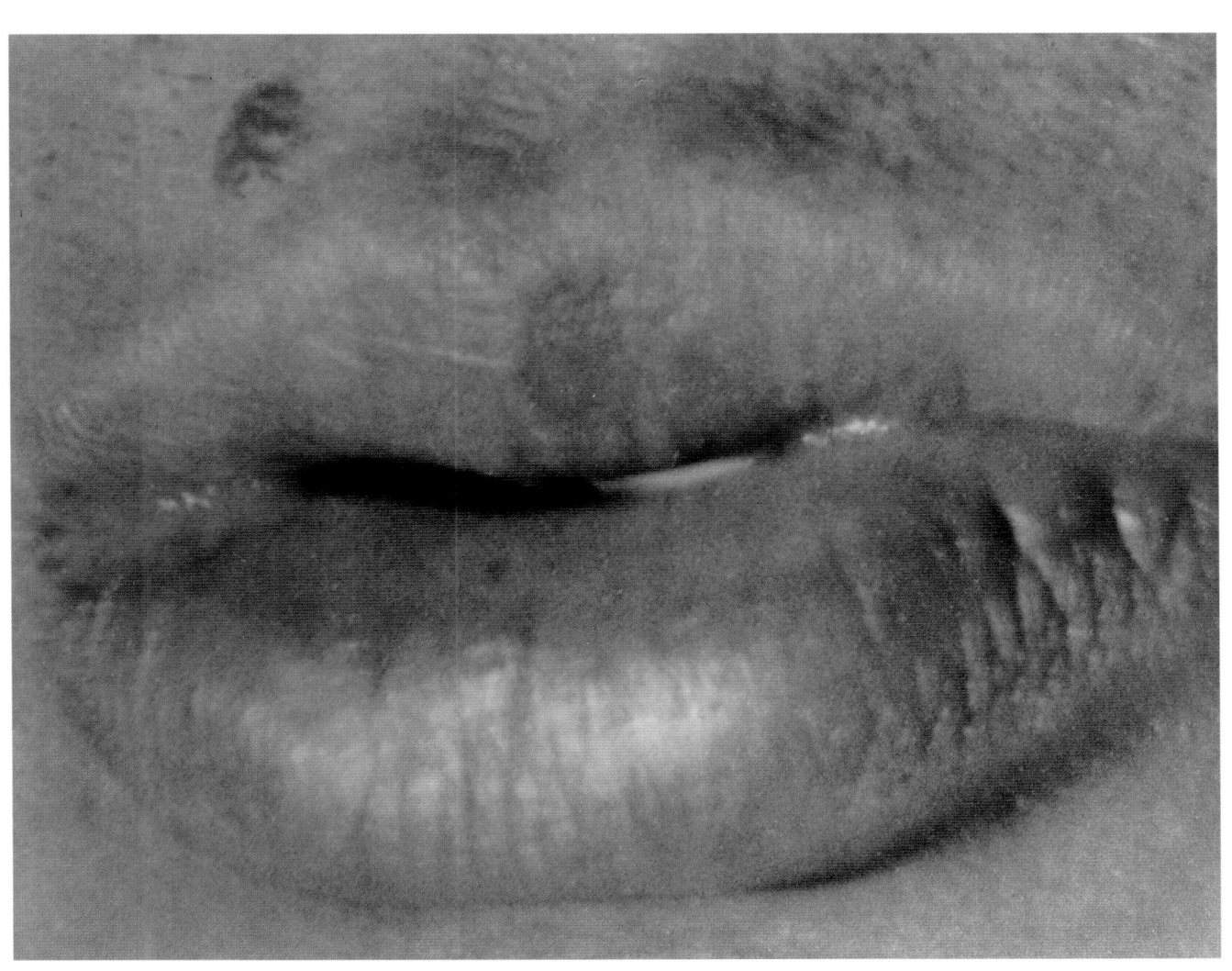

In der Art einer surrealistischen Fotomontage beschwört Herbert Bayer die Einsamkeit des Einzelnen in der großen Stadt. Vor einer Gebäudefassade reflektieren geöffnete Handflächen ein auf zwei Augen reduziertes Gesicht. Man mag diese phantastische Szene für ein Selbstporträt des Künstlers halten. Während er in seine Handflächen schaut, als wolle er seine Zukunft darin lesen, wird Bayer in einer Art Spiegeleffekt mit seinem eigenen Blick konfrontiert. Das hier gezeigte Ich besteht aus den Händen und Augen, den Seh- und Tastorganen, zwei Körperteilen, die in ihrem Zusammenspiel die Essenz der Kreativität des Fotografen repräsentieren. Dieses mysteriöse Foto ist eine deutliche Synthese des radikalen Wandels in den fotografischen Abbildungen der Zeit zwischen den beiden Weltkriegen. Die Technik der Fotomontage kreiert ein Wechselspiel, indem sie aus ihrem Zusammenhang entfernte Objekte auf dem gleichen Niveau zusammenbringt und sie ohne jeglichen Bezug zu ihrer wirklichen Größe abbildet. Der fruchtbare Künstler Bayer war Schüler des Bauhauses in Weimar und von den Ideen der Surrealisten stark beeinflusst.

Fiktion

29.   **Herbert Bayer**
Amerika, geb. in Österreich, 1900 – 1985
Einsamer Großstädter
1932
Gelatine-Silberdruck

Diese strahlende Gestalt scheint nicht aus Fleisch und Blut zu sein. Es könnte sich um eine kunstvoll hergestellte Skulptur handeln, die vorübergehend auf der Straße abgestellt wurde. In der Zeit zwischen den beiden Weltkriegen hat Brassaï tatsächlich fotografische Skulpturen gefertigt und dabei einmal mit Salvador Dali bei der Serie „sculpture involontaire" für die surrealistische Zeitschrift *Minotaure* zusammengearbeitet. Der *geschmückte Krieger* ist jedoch eine reale Person, einfach ein Ballbesucher, der das geschmeidige, sinnliche Ideal, dargestellt von dem berühmten Schauspieler Johnny Weismüller, nachahmt. Er ist auf dem Weg zu einem der berühmten Bälle, an der die Künstler und die Gesellschaft in Paris so viel Vergnügen hatten. Die Surrealisten zelebrierten das Nachtleben als glamouröse, außerweltliche Sphäre, wo bizarre Begegnungen die Tore zu neuen Erfahrungen eröffnen konnten. Brassaï, der sich selbst als „saturiert von den Schönheiten der Pariser Nächte" beschreibt, war von der exotischen Mischung der Menschen, die nach Anbruch der Dunkelheit hervorkam, fasziniert. Prostituierte, Schauspieler, Kabaretttänzer, Homosexuelle, Lesbierinnen und andere Stammgäste der Cafés, welche die Gesellschaft von Fremden der Einsamkeit in ihren Wohnungen vorzogen. Ihnen erweist er in dem gefeierten Buch *Das geheime Paris* seinen Tribut. In dieser Publikation huldigt er auch der künstlichen Illuminierung seiner Wahlheimat, die in den extremen Kontrasten zwischen Licht und Schatten schwelgt, sowie der Art, wie bei Tageslicht vergessene Dinge bei Nacht von innen zu leuchten scheinen. Vielleicht war es diese Qualität des inneren Leuchtens, die Brassaï bei dem städtischen Krieger so anzog, dass er ihm lange genug nachstellte, um seinen Glanz auf Film zu bannen.

Ikonen

30.   **Brassaï (Gyula Halász)**
Frankreich, geb. in Ungarn, 1899–1984
Le Bal des Quat'z Arts, Der geschmückte Krieger
1932
Gelatine-Silberdruck

Wie ihr bedeutender Freund und Kollege, der Fotograf Edward Weston, hat Imogen Cunningham ihren Stil vom Piktoralismus zu Moderne verändert und, wie Weston, nie auch nur einen Augenblick an den reichen Ausdrucksmöglichkeiten der Fotografie gezweifelt. Cunninghams Akte sind, wie ihre Pflanzenstudien, wundervolle Beispiele der reinen, nicht manipulierten Fotografie, die in der Zeit zwischen den beiden Weltkriegen an der Westküste der Vereinigten Staaten eine besondere Resonanz fand. Die Gruppe „f/64" hatte beinahe Kultstatus und ihre Mitglieder, wie Cunningham, Weston, Ansel Adams und verschiedene andere, waren der Auffassung, dass ihre Bilder nur mit Blende 64, der kleinstmöglichen Öffnung, mit der größtmöglichen Tiefenschärfe aufgenommen werden sollten. Sie bestanden darauf, dass großformatige Negative benutzt und eher Kontaktabzüge als Vergrößerungen von diesen Negativen hergestellt werden sollten, damit keinerlei Informationen verloren gingen. Die Gruppe stand, kurz gesagt, für eine glasklare Abbildung der Realität, jedoch einer Realität mit einer so exakten Sichtweise, dass die Fotografie den Betrachter mit der Wucht einer Offenbarung traf. Die Vehemenz ihrer Überzeugung ist auch als Reaktion auf den vorherrschenden Trend von Amateurfotografie in der Art der alten Piktoralisten mit ihrem Hang zu vagen Umrissen und idealisierten Inhalten zu verstehen.

Cunningham besaß die Fähigkeit die strengen Regeln der Gruppe „f/64" mit einem Gefühl für Poetik abzumildern. Sie hatte die Gabe, Dinge in abstrakten Begriffen sehen zu können, Akte und Pflanzen in beinahe rein geometrische Formen zu verwandeln, ohne sich dabei im Abstrakten zu verlieren. Wie wir sehen, ist hier der Körper nicht in der üblichen Art der Moderne fragmentiert, sondern relativ ganz gesehen. Selbst Teile vom Kopf und den Füßen sind sichtbar. Cunningham unternimmt auch keine Versuche, die kleinen Unregelmäßigkeiten der Haut zugunsten einer perfekten Form zu kaschieren. Indem sie den Körper in unüblicher Weise posieren lässt und die Kamera auf ihn richtet, sodass die Sonnenstrahlen gleichmäßig auf den Rücken fallen, taucht sie alles außer dem Körper in tiefe Schatten. So präsentiert sie den weiblichen Akt als ein schönes, rhythmisches Objekt, das in einer schwarzen Leere schwebt.

Form

31.

Imogen Cunningham
Amerika, 1883 – 1976
Akt
1932
Platindruck

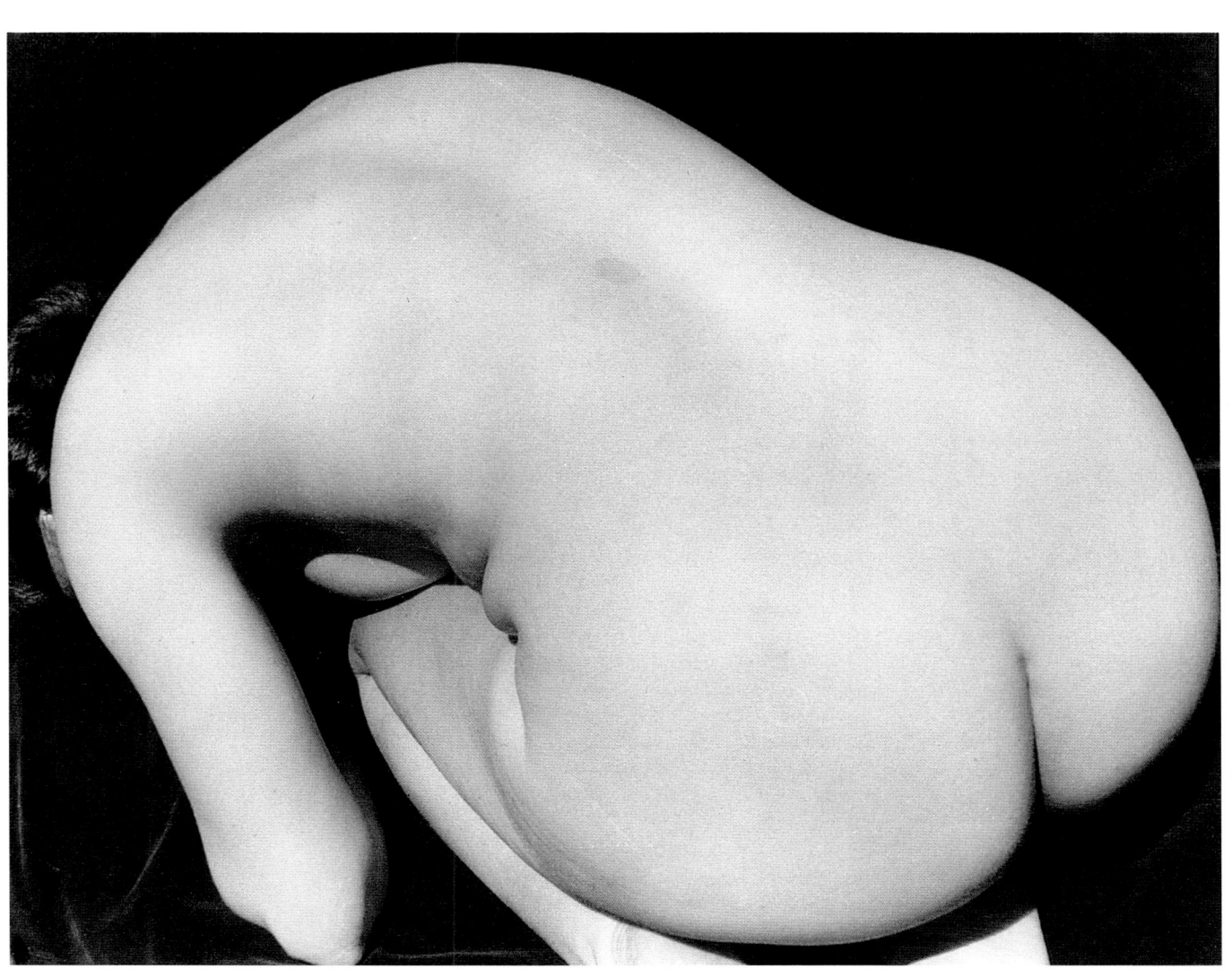

Erwin Blumenfeld war ein gefeierter Modefotograf. Das ist jedoch nur eine Seite seines künstlerischen Schaffens. Eine Phase dadaistischer Collagen, eine frühe Periode mit brillanten Porträts, die superben Akte, die er sein Leben lang machte, und ein bitteres Buch, das postum in Form einer Autobiografie erschien, steigern unsere Anerkennung für diesen Künstler. Blumenfelds prophetischer *Hitler* aus dem Jahr 1933 war nur eine von vielen Fotomontagen, die er während seines selbst gewählten Exils in Holland schuf. Dorthin war er gegangen, um mit Lena, seiner Verlobten, zusammenzusein. Seine Erlebnisse mit der deutschen Armee als Fahrer eines Krankenwagens an der Westfront im Ersten Weltkrieg, wo er die Sinnlosigkeit des Krieges aus nächster Nähe erlebte, erfüllten ihn für immer mit Abscheu gegenüber Autoritätspersonen. Gleichgültig ob es sich dabei um den Kaiser, Armeeoffiziere, Lehrer oder Vorgesetzte oder auch nur um den Hausmeister in Berlin handelte, der beim Vernichten von Ungeziefer, das er in einer Falle gefangen hatte, sagte: „Auf diese Art und Weise sollte man auch die jüdischen Ratten vertilgen!" Blumenfelds intuitive Abneigung gegen Hitler wurde entscheidend verschärft, als sein Versuch, ein Lederwarengeschäft zu betreiben, scheiterte. Da er Jude war, machte ein neues deutsches Gesetz es für ihn unmöglich, die für den Kauf von Rohmaterial erforderlichen Kredite zu erhalten. Kein Wunder, dass er in Hitler die Verkörperung des Bösen sah. Ein weiteres satirisches Bild des Fotografen, *Der Diktator*, mit einem Kalbskopf auf einer drapierten Büste, hatte beinahe fatale Folgen, als der deutsche Botschafter es auf einer Ausstellung in Paris sah. Voller Wut verlangte er, das Bild solle aus der Ausstellung entfernt werden. Die Veranstalter stimmten dem zu, nachdem die Scheiben der Galerie eingeworfen worden waren. Blumenfeld zufolge wurde er wegen dieser Ereignisse zur Fahndung ausgeschrieben, nachdem die Deutschen Paris besetzt hatten. Er konnte glücklicherweise in letzter Minute entkommen.

Politik

32.   **Erwin Blumenfeld**
             Amerika, geb. in Deutschland, 1897 – 1969
             Hitler
             1933
             Handkolorierter Gelatine-Silberdruck

Diese verlockende Abbildung zeigt, wie weit sich der weibliche Akt seit der Jahrhundertwende entwickelt hat, als die Frauen unvermeidlich als passive Wesen dargestellt wurden, in wirklicher Ohnmacht, nicht der auf ihnen ruhenden Blicke der Männer bewusst. Stones Modell ist eine eigenartige und beunruhigende Mischung aus Erotischem und Bedrohlichem. Sie wirkt fast androgyn. Der Mund ist unbezweifelbar weiblich, aber der Busen ist nicht eindeutig (sicherlich weiblich, aber weit entfernt von den schwingenden Formen, welche die Akte charakterisieren, die wir in den heutigen Veröffentlichungen finden). Die Pose ist jedoch die eines Muskelmannes. Der Körper spricht von Sexualität und Vertrauen, auch von Trotz. Es ist aber auch ein Körper, der bereitwillig seine Sexualität dem Blick des Betrachters vorstellt, jedoch nach seinen eigenen Bedingungen. Sollte eine Annäherung unwillkommen sein, können der vorbereitete Arm und die „Kralle" als mächtige Verteidigungsmittel dienen.

Roland Barthes hat einen winzigen, scheinbar unbedeutenden Aspekt einer Fotografie, die ihr aber nichtsdestoweniger die Kraft verleiht, famos mit dem Begriff *punctum* auf den Punkt gebracht. In Stones Akt ist der Mund ein solches Detail, das er zeigt, während der Fotograf das Gesicht, das ansonsten das Interesse des Betrachters vom Körper ablenken würde, klug verdeckt hält. Er hat diesen einen sehr sensiblen Bereich erhalten, der von der „Person", die diesen Körper bewohnt, spricht. Ohne diesen wäre die Abbildung (der Betrachter kann das leicht nachvollziehen, wenn er diesen Bereich des Bildes abdeckt) auf eine leblose Skulptur reduziert, im besten Falle lediglich eine Formstudie.

Verlangen

33.   Sasha Stone
        Russland, 1895 – 1940
        Studie des menschlichen Körpers
        1933
        Fotogravur

Entgegen dem ersten Eindruck wurde dieses um 1934 ent-
standene Bild, das wie eine Fotomontage anmutet, keineswegs gestellt, sondern war das Produkt eines Zufalls, wie
es die Surrealisten so gerne haben. Bei dem Besuch einer
Fabrik für Schaufensterpuppen stach Werner Rhode dieses
eigentümlich bezaubernde Ballett aus beweglichen Armen
ins Auge. Vom Licht gestaltet, wirkten die wuchernden
Arme eher lebendig als künstlich. Sie erinnerten ihn an die
Werke von Picasso, Dali und Léger. Rhode war sowohl
Glasmaler als auch Fotograf und mit dem Surrealisten Paul
Citroen befreundet. In den Laboratorien der Avantgarde
wurde der Körper in fiebender Erregung demontiert und
dann neu zusammengesetzt – zum einen nach einer Logik
auf der Basis spielerischen Denkens oder dem Zufallsprinzip
und zum anderen nach Zwängen maschineller Logik. Die
Kubisten waren fasziniert von solchen Transformationen
und sie benutzten einfache geometrische Formen wie Kuben
oder Pyramiden als Köpfe, Torsen und Gliedmaßen. Die
Surrealisten ihrerseits fanden Vergnügen an außergewöhn-
lichen Effekten inspiriert durch Träume, Fieberphantasien
und andere Äußerungen des Unterbewussten und trans-
plantierten Männerköpfe auf Frauenleiber oder die Tier-
köpfe auf menschliche Körper. Sie teilten Giorgio de Chiricos
Vorliebe für Schaufensterpuppen, die sie zu einem beliebten, oft fetischisierten, Motiv machten.

Form

34. **Werner Rohde**
Deutschland, 1906 – 1990
Arme
Um 1933
Gelatine-Silberdruck

Der glanzvolle Stil der 30er-Jahre des 20. Jahrhunderts wurde von dem Kunsthistoriker J.P. Sembach als eine Mischung aus „Präzision, Glanz, Transparenz, Direktheit, Sensibilität für die Materialien, Logik und Unabhängigkeit von Gefühlen und Dogmen" charakterisiert. Es könnte keine bessere Beschreibung der meisterhaft komponierten Modefotografien von George Hoyningen-Huene geben, die in der Zeit von Mitte der 20er- bis Mitte der 30er-Jahre die Seiten von *Vogue* und *Harper's Bazaar* schmückten. Wenige Modefotografen des 20. Jahrhunderts können sich mit Hoyningen-Huenes knapper Eleganz messen. Huenes Ausbildung als Maler gab ihm einen zweifachen Vorteil gegenüber vielen seiner Zeitgenossen. Sie machte ihn sehr sensibel für jedes Detail, ganz gleich, wie winzig es auch war (der Schimmer eines Fingernagels; der feinste Faltenwurf). Es war ihm daher auch möglich, Zitate aus Kubismus, Konstruktivismus, Surrealismus und Art Deco zu verwenden. Die Quellen seiner Kreativität lagen aber weiter zurück: die Kunst des klassischen Griechenlands.

In *Toto Koopman, Abendkleid von Augustabernard*, begegnen wir Hoyningen-Huene auf dem Höhepunkt seines Könnens. Die sorgfältig abgestufte Ausleuchtung betont jede einzelne Falte der Robe und lässt den Betrachter gleichzeitig den biegsamen Körper unter dem sinnlichen Stoff erahnen. Auch wenn Toto Koopmann – Hoyningen-Huenes Lieblingsmodell – in ihrer großartigen Robe natürlich und entspannt wirkt, hat der Fotograf ihre Pose dennoch minutiös arrangiert. Die sanft von links unten nach rechts oben geschwungene Körperlinie wird durch den diagonal dagegen gesetzten Faltenwurf ausbalanciert. Diese Falten fallen von der Bildmitte nach rechts unten und sind so arrangiert, dass sie die Linie des erhobenen Armes genau aufnehmen. Der Kreis, den das Kleid links auf dem Boden beschreibt, spiegelt die Form wider, die Daumen und Zeigefinger der rechten Hand des Modells bilden.

Trotz all seiner Meisterschaft waren Hoyningen-Huenes Arbeiten nicht vor Eingriffen von anderer Seite sicher. Die leichte Unschärfe entlang der rechten Hüfte des Bildes ist offensichtlich hineinretuschiert. Hoyningen-Huene und seine Kollegen in der Modefotografie hatten es mit überkritischen Moderedakteuren zu tun, denen selbst die schönen Körperproportionen von Toto Koopmann nicht schlank genug waren.

Ikonen

Hans Bellmer erlangte im 20. Jahrhundert eine notorische
Berühmtheit durch seine obsessive Bearbeitung eines
einzigen Themas: die Figur einer quasi-menschlichen weiblichen Puppe, die er in außerordentlicher Formenvielfalt
herstellte. Bevor er sich der Kunst zuwandte, war Bellmer
Ingenieur. Dies zeigt sich ganz deutlich in seiner Vision einer
Roboter-Puppe, die direkt Fritz Langs filmischem Meister-
stück *Metropolis* entsprungen sein könnte. Trotz all unseres
Unbehagens im Hinblick auf die Übernahme des menschlichen Körpers durch die Maschine, die durch Bellmers
Umkehrung vom Negativen zum Positiven überhöht wird,
werden wir einfach dazu gezwungen zuzugeben, dieses
Wesen, „sie oder er", ist irgendwie … schön. Bellmers
Puppen wurden sichtbar fleischiger und erotischer, auch
wenn ihre verdrehten Formen und Gliedmaßen nichts
Natürliches mehr hatten. So war beispielsweise ein Torso
ohne Kopf mit vier Beinen ausgestattet. Welche eigentümlichen Bedürfnisse motivierten Bellmer diese Fetische zu
erschaffen? Seine Puppen erfreuten die Surrealisten, die
Bellmer als einen der Ihrigen ansahen, einen Meister der
Imagination, der bereit war, seine Dämonen öffentlich zu
bekämpfen.

Fiktion

36.

Hans Bellmer
Frankreich, geb. in Deutschland, 1902 – 1995
Die Puppe
1934 – 1935
Gelatine-Silberdruck

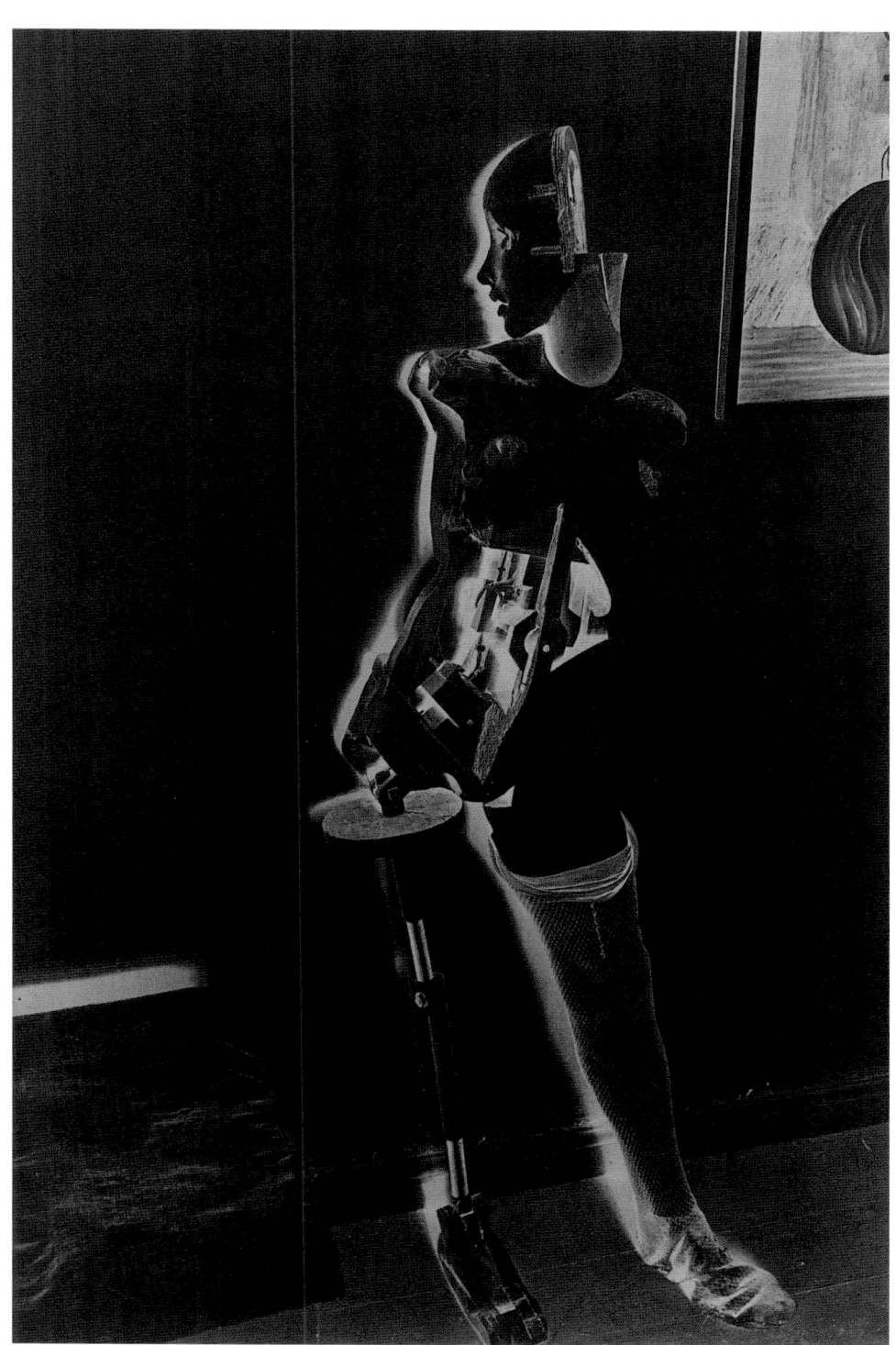

William Mortensen war ein Meister dessen, was heute weitgehend als Kitsch abgetan wird. Während der 20er- und 30er-Jahre des 20. Jahrhunderts, als er fleißig seine moralisierenden Allegorien produzierte, genoss er in weiten Kreisen der amerikanischen Amateur- und Berufsfotografie das Ansehen einer einflussreichen Person. Er war 30 Jahre lang Leiter der Mortensen School of Photography in Laguna Beach, Kalifornien, und Autor von einem Dutzend Bücher mit Titeln wie *The Command to Look* und *Mortensen on the Negative*. Heute noch werden Mortensens Bilder sehr geschätzt, allerdings nicht wegen ihrer moralischen Plattitüden. Wir erfreuen uns eher an der Transparenz seiner Motive, hinter deren noblen Erscheinungsbildern eine deutliche laszive Absicht liegt, und seinem verfeinerten grafischen Gespür.

Hier flirtet eine nackte junge Frau schamlos mit einem Pfau. Die männlichen Tiere dieser Gattung gelten als akzeptiertes Symbol der Schönheit, wenn auch mit einem Übermaß an Selbstgefälligkeit. Das Mädchen steht auf seinen Zehenspitzen, als ob es bereit sei, seinen Geliebten zu küssen. Mortensen hat, clever wie er ist, einige Aspekte hinzugefügt, die suggerieren, beide Darsteller gehörten, wie es ja auch der Fall ist, zur gleichen Art. Ihr Kopf und sein Schweif beispielsweise ähneln sich sowohl in der Struktur als auch in der Weise, in der sie abgebildet sind. Dem Zuschauer (oder, auf den Punkt gebracht, dem Voyeur) wird ein Profil ihres beinahe zu gefällig proportionierten heranreifenden Körpers geboten. Die große Stange, die rigide im Mittelpunkt der Fotografie aufragt (und so bildnerisch wie psychologisch ausgedrückt das Bild dominiert), ist ohne weiteres als Phallussymbol erkennbar. Der Pfahl endet in einem perfekten Knopf, der sein Gegenstück in den kleinen wohlgeformten Brustwarzen der Frau findet. Mortensen hat häufig den Einfluss von Cecil B. De Mille zitiert, wie auch den seines Lehrers Arthur Kales, der als der „Bromöl-König" bekannt war. So gesehen, verwundert es nicht, dass von sexuellen Lustgefühlen durchdrungene moralische Belehrung und Theatralik zum Markenzeichen von Mortensens Stil wurden.

Verlangen

37.

William Mortensen
Amerika, 1897–1965
Gegenseitige Bewunderung
Um 1934
Gelatine-Silberdruck

Der Schlaf, insbesondere die ihn begleitenden Träume, sind eine geschätzte Quelle der Inspiration für die Fotografen, die eher an Fiktion interessiert sind, als an dem, was man mit den Augen sehen kann. George Platt Lynes' *Schlafwandler* erinnert an die Welt der französischen Surrealisten mit ihrer beunruhigenden Fragmentierung des menschlichen Körpers und der zugrunde liegenden Faszination durch die Freudsche Lehre vom Unterbewusstsein. *Der Schlafwandler* ist so rätselhaft wie die Gemälde von de Chirico oder Dali. Eingerollt in eine embryonale Haltung, schläft ein nackter Mann auf einem Tisch oder einem Tablett. Darunter ist ein „halber Mann" bestehend aus muskulösen Beinen und Hinterbacken, der den Tisch stützt. Die Gestalt ist von kräftiger Statur und trägt die Last entspannt und selbstsicher. Wahrscheinlich stellt er das Unterbewusstsein dar und der Körper, den er trägt, ist sein eigener. Wenn dem so ist, wird das Unterbewusstsein in der Nacht zum Bewusstsein und umgekehrt. Wenn die Dämmerung anbricht, wartet er, der „bewusst Unterbewusste" geduldig auf den gewohnten Rollentausch. Der halbe Mann kann sich auch auf Lynes' eigene sexuelle Orientierung beziehen, die er nie voll ausleben konnte. Zu einer Zeit, als homosexuelle Handlungen geächtet waren und es das Beste war, homosexuelle Neigungen nicht zu direkt zu zeigen, sprachen die schönen Körper in *Der Schlafwandler* offen von diesem Verlangen.

Fiktion

38. **George Platt Lynes**
Amerika, 1907–1955
Der Schlafwandler
1935
Gelatine-Silberdruck

Alexander Rodschenko gilt als einer der großen Pioniere der modernen Fotografie. Zuerst eine zentrale Figur in der konstruktivistischen und dann in der produktivistischen Bewegung hat sich sein Einfluss auf die avantgardistische Fotografie ausgewirkt, wo auch immer sie praktiziert wurde, im Osten wie im Westen. In den 20er- und 30er-Jahren des 20. Jahrhunderts war der Körper für die sowjetischen Künstler ein schwieriges Thema, da die Bilder automatisch in ideologischen Kategorien interpretiert wurden. Abbildungen des Körpers bargen demnach immer eine Bedeutung für die Gesellschaft als Ganzes, ganz gleich, ob es um Politik oder um gesellschaftliche Beziehungen, insbesondere die sexuelle Liebe, ging. Während der Periode, in der sich die russischen Künstler ihrer kreativen Freiheit erfreuen konnten – bevor die Kommunistische Partei 1923 der Avantgarde ein Ende setzte – schuf Rodschenko in der groben neuen Sprache der Konstruktivisten viele Bilder unter Einbeziehung des Körpers, vornehmlich des weiblichen. Als dann die Maßregelungen begannen, wurde seine unabhängige Sichtweise zunehmend attackiert, zunächst von seinen Rivalen und dann durch die Partei. Danach lieferte er seinen angemessenen Beitrag an propagandistischen Fotografien.

Einige sollten helfen, die industrielle Produktion zu steigern, andere sollten, wie das hier gezeigte Beispiel, ein kraftvolles und überzeugendes Bild der Soldaten vermitteln. Rodschenkos Bilder wurden häufig bei sportlichen Massenveranstaltungen und Paraden aufgenommen und die Körper als Räder in einer gloriosen, sich vorwärts bewegenden Maschinerie abgebildet. Derartige Fotografien sollten die kollektive Identität zulasten der Individualität und Intimität preisen. Sie hatten die Absicht der Welt das Bild eines jungen, mächtigen Landes zu präsentieren und einer nicht aufzuhaltenden sozialen Kraft – des Kommunismus.

Politik

39.

Alexander Rodschenko
Russland, 1891–1956
Verteidigungs- und arbeitsbereit
1936
Gelatine-Silberdruck

1936 war Nazi-Deutschland Gastgeber der Olympischen Spiele, die von den Faschisten als Großereignis der nationalistischen Propaganda verstanden wurden. Leni Riefenstahl, bereits eine gefeierte Fotografin, wurde (gegen den Rat einiger Minister) von Hitler selbst ausgewählt, um über das Ereignis umfassend zu berichten und einen Film sowie ein Buch darüber zu machen. Das Buch *Schönheit im Olympischen Kampf* war in Inhalt und Form ein Meisterwerk der Propaganda. Viele der formalen Fortschritte, die man mit der avantgardistischen Fotografie der 20er-Jahre des 20. Jahrhunderts verbindet, kann man hier in ihrer spezifischen Ausdrucksform für den Sport betrachten: starke Diagonalen, Frosch- und Vogelperspektiven, Abstraktionen und geometrische Formen. Das Buch selber ist in einer gewissen filmischen und erzählerischen Weise angelegt und beginnt mit dem klassischen Griechenland, wo die nackten Körper der Athleten in unberührter Natur gezeigt werden. Danach folgt der lange und majestätische Fackellauf mit dem olympischen Feuer bis nach Berlin. Dieser kulminiert in seinem Eintreffen in das Stadion, wobei die straffen Muskeln der einzelnen Athleten den jubelnden Massen gegenübergestellt werden. Schließlich werden die heroischen Wettkämpfe mit ihren knappen Entscheidungen gezeigt. Es wird der Eindruck erweckt, dass die Kräfte der Menschen ihr maximales Potenzial nur erreichen können, wenn sie von einem effektiven Staat dazu gerüstet werden.

Es gab aber auch ein Sandkorn in dieser gut geschmierten Maschine. Zu Hitlers größtem Missvergnügen zog der farbige amerikanische Athlet Jesse Owens das Licht der Scheinwerfer auf sich und verließ die Spiele mit vier Goldmedaillen. Fast noch schlimmer war für die Propaganda der Nazis die Entdeckung der umtriebigen Journalisten, dass der schnellste Mann der Welt ein schwächliches und kränkelndes Kind gewesen war. Auch wenn Hitler ihm den Handschlag verweigerte, wurde Owens in das Buch von Riefenstahl aufgenommen. Zweifellos jedoch nur, weil man seine Leistungen nicht einfach ignorieren konnte. Später nach der Sache mit dem Händedruck gefragt, sagte Owens nur lakonisch, er sei auch noch nie in das Weiße Haus geladen worden, um dem amerikanischen Präsidenten die Hand zu schütteln. Owens erwies sich als ein mächtiges Sprachrohr des Antirassismus und wurde auch zu einer internationalen Ikone des Erfolgs der Schwarzen. Es hat schon eine gewisse Ironie, dass die Lieblingsfotografin von Hitler mit ihrem Porträt des Läufers in Aktion zu dieser Legende beigetragen hat.

Politik

40.

Leni Riefenstahl
Deutschland, geb. 1902
Jesse Owens, USA, startet
zu seinem Weltrekordsprung
1936
Gelatine-Silberdruck

Wie andere herausragende Vertreter der piktoralistischen Bewegung gab Weston die weich-zeichnende Fotografie zugunsten der klaren sauberen Linienführung der modernen Ästhetik auf, die sich nach dem Ersten Weltkrieg in Europa und Amerika durchsetzte. Weston war ein Gründungsmitglied und ein einflussreicher Sprecher der Gruppe „f/64", einer Vereinigung amerikanischer Fotografen, die sich 1932 in Kalifornien etabliert hatte. Überzeugt von der strikt fotografischen Sichtweise bar aller Tricks in der Dunkelkammer, sprach Weston von seiner Suche nach „der Quintessenz der Dinge … einem Bild realer und fassbarer als das jeweilige Objekt". Dieser Satz ist oft als eine Forderung nach einer Art hyper-realistischem Ausdruck verstanden worden, der nur Raum für Tatsachen lässt. Weston lässt aber auch Raum für ein hohes Maß an lyrischen Tendenzen, wie wir an diesem zu Recht berühmten Akt sehen. Näher betrachtet sehen wir, dass die gesamte sichtbare Oberfläche deutlich abgebildet ist, kein Teil liegt im Schatten. Das Auge nimmt das Bild nichtsdestoweniger in halb abstrakten, quasi geometrischen Strukturen wahr. Achten sie auf die zwei Ovale, das eine gebildet vom Kopf und das andere von den Armen, die sich um den Körper legen und ihn umhüllen. Beachten sie auch die dreieckigen, viereckigen und sonstigen kantigen Umrisse, die von den Schatten innerhalb der Zwischenräume des Körpers gebildet werden und die v-förmigen dunkel getönten Wände, die die Helligkeit des Körpers so effektvoll umrahmen. Weston hat mehr als 100 Akte angefertigt, die man am besten mit den in dieser Zeit entstandenen Abbildungen von Muscheln und grünen Paprikaschoten würdigen kann. Diesen Objekten gab er einen ausgesprochen erotischen Charakter, als ob der nackte Körper allein nicht ausreichte, all das auszudrücken, was er über die Sinnlichkeit der realen Welt vermitteln wollte.

Form

41.   Edward Weston
       Amerika, 1886 – 1958
       Akt
       1936
       Gelatine-Silberdruck

Das Konzept des „Gesamtkunstwerks", eine Synthese von
Musik, Theater, Tanz und anderem, war geradezu perfekt
geeignet für die totalitären Ziele des Dritten Reiches. So
gesehen waren Richard Wagners Opern für Hitler exempla-
risch und sollten als Modell für alle anderen Künste dienen.
Die Architektur und noch stärker die Inszenierungsweise
und die Choreographie wurden von den Nazis sehr schnell
zu den entscheidenden Propagandainstrumenten geformt.
Auch wenn man nicht bestreiten kann, dass die Politik sich
immer mit der Art ihrer Präsentation befasst hat, unternah-
men das die Nazis mit ganz besonderem Erfolg. Sie machten
das, sowohl um sich selber als auch um andere von der
unbesiegbaren Stärke und dem unvermeidlichen Erfolg ihrer
Sache zu überzeugen. Die Spektakel sollten sich schließlich
eines Landes würdig erweisen, das dazu bestimmt war,
1000 Jahre über die Welt zu herrschen. In dieser Absicht
formte der „Hofarchitekt" Albert Speer das nächtliche
Spektakel des Nürnberger Reichsparteitages im Stil einer
gotischen Kathedrale, mit Kegeln aus Licht, die wie Säulen
von unendlicher Höhe in den Himmel ragten. Auch alle anderen Formen der nationalsozialistischen Spektakel sollten
dazu dienen, dass sich das Individuum gegenüber der Masse
als winzig und unbedeutend empfinden sollte. Soweit es
die Pflichten des Einzelnen betraf, wurde auf jede erdenk-
liche Weise klargestellt, dass der menschliche Körper nicht
mehr als ein Rädchen in einer gut geschmierten Maschine
war. Hans Bittners Propagandafotografie der Nazimacht hält
sich exakt an diese Formel. Sein genauer Ausschnitt einer
absolut homogenen Masse suggeriert, diese militärische
Maschinerie setze sich außerhalb der Grenzen des Bildes ad
infinitum fort.

Politik

42.   **Hans Bittner**
             Deutschland, Daten unbekannt, aktiv um 1930
             Reichsparteitag d. NSDAP, 12. September 1938, Nürnberg
             1938
             Gelatine-Silberdruck

Nur wenige Modefotografen des 20. Jahrhunderts haben eine ähnliche Karriere gemacht wie Horst P. Horst. Als Protegé von George Hoyningen-Huene, für den er als männlicher Hintergrund bei improvisierten Modeaufnahmen mitgewirkt hatte, trieb es ihn schon bald dazu, sich selber an der Herstellung solcher Bilder zu versuchen. Er eignete sich schnell Huenes knappe, neoklassizistische Herangehensweise an und erwies sich stilistisch als vielseitiger, indem er Motive und Techniken aus einer Vielzahl von Kunstrichtungen seiner Zeit aufgriff. In seinem Eklektizismus übernahm er auch die Ideen seiner Rivalen, selbst wenn ihm nie ein Plagiat nachgewiesen werden konnte. Nur wenige seiner Kollegen konnten mit Horst Schritt halten und seine Arbeiten waren nie so unausgewogen wie die vieler seiner Zeitgenossen. *Mainbocher Corset* wird zurecht für eine Glanzleistung des Genres gehalten und geht tatsächlich darüber hinaus. Es ist durch seine Ausgewogenheit und die sparsame Verwendung von Zeichen ein perfektes Bild, mit dem Flair der Gemälde alter Meister und dem Surrealismus von Dali. Zugegebenermaßen ist dieses Bild mit dem Retuschierpinsel bearbeitet worden, die Taille des Modells wurde an der linken Seite deutlich enger gemacht. Das geschah jedoch nicht, um Horst gegenüber fair zu bleiben, um das Bild zu verbessern, sondern um die Illusion eines, wohl dank des Korsetts, exquisiten Körpers zu erwecken. Die meisten der in *Vogue* und *Harper's Bazaar* veröffentlichten Schwarz-Weiß-Aufnahmen wurden aus solchen Gründen retuschiert, da die Modelle häufig keine Professionellen, sondern Damen aus der Gesellschaft waren, deren Körpermaße selten mit den konventionellen Idealen übereinstimmten.

Ikonen

43.

Horst P. Horst
Amerika, 1906 – 1999
Mainbocher Corset, Vogue
1939
Gelatine-Silberdruck

John Phillips, der als Fotojournalist von 1946 bis 1959 für das Magazin *Life* tätig war, ist vor allem bekannt durch seine Reportagen über den Anschluss Österreichs an das Deutsche Reich, den Patisanenkampf Titos und die letzten Tage des Schriftstellers und Piloten Saint-Exupéry, der während eines Aufklärungsfluges über dem besetzten Frankreich verschwand. Der amerikanische Kriegskorrespondent begleitete die US-Armee auf ihren Feldzügen in Nordafrika und Italien und folgte den Befreiern, als sie sich ihren Weg durch Deutschland freikämpften. Wie seine Kollegen Lee Miller und George Rodger konnte Phillips die Folgen der Barbarei der Nazis hautnah bezeugen. Die von diesen Fotografen vorgelegte Dokumentation verhalf dazu, Aufmerksamkeit für das Ausmaß des von Hitler entfesselten Schreckens zu schaffen. Die Öffentlichkeit wandte sich aber, kaum dass der Krieg zu Ende war, von diesen brutalen Tatsachen ab. Die schrecklichen Szenen von Massengräbern und Aschebergen aus den Vernichtungsöfen werden hier wieder in unser Bewusstsein gerufen, in diesen beinahe unerträglichen Nahaufnahmen von menschlichen Überresten, wie anderes industrielles Rohmaterial in einem Container geworfen, um zu Seife verarbeitet zu werden. „Als letzte Schmach", bemerkt Phillips, „wurde ein toter Affe mitten unter die Leichen geworfen." Phillips wusste, dass *Life* diese Bilder nicht abdrucken konnte – in seinen Worten „nicht wollte" –, aber er nahm sie dennoch auf. Er wusste um seine Verantwortung vor der Geschichte. In späteren Jahren konnte er darin Genugtuung finden, dass er konkrete Beweise für die Verbrechen der Nazis geliefert hatte, um die Revisionisten zu widerlegen, die behaupteten, der Holocaust habe nie stattgefunden.

Schmerz

44.   **John Phillips**
Amerika, 1914–1996
Das Kriegsende stoppte die Herstellung
von Seife aus Körpern, Danzig, Polen
1945
Gelatine-Silberdruck

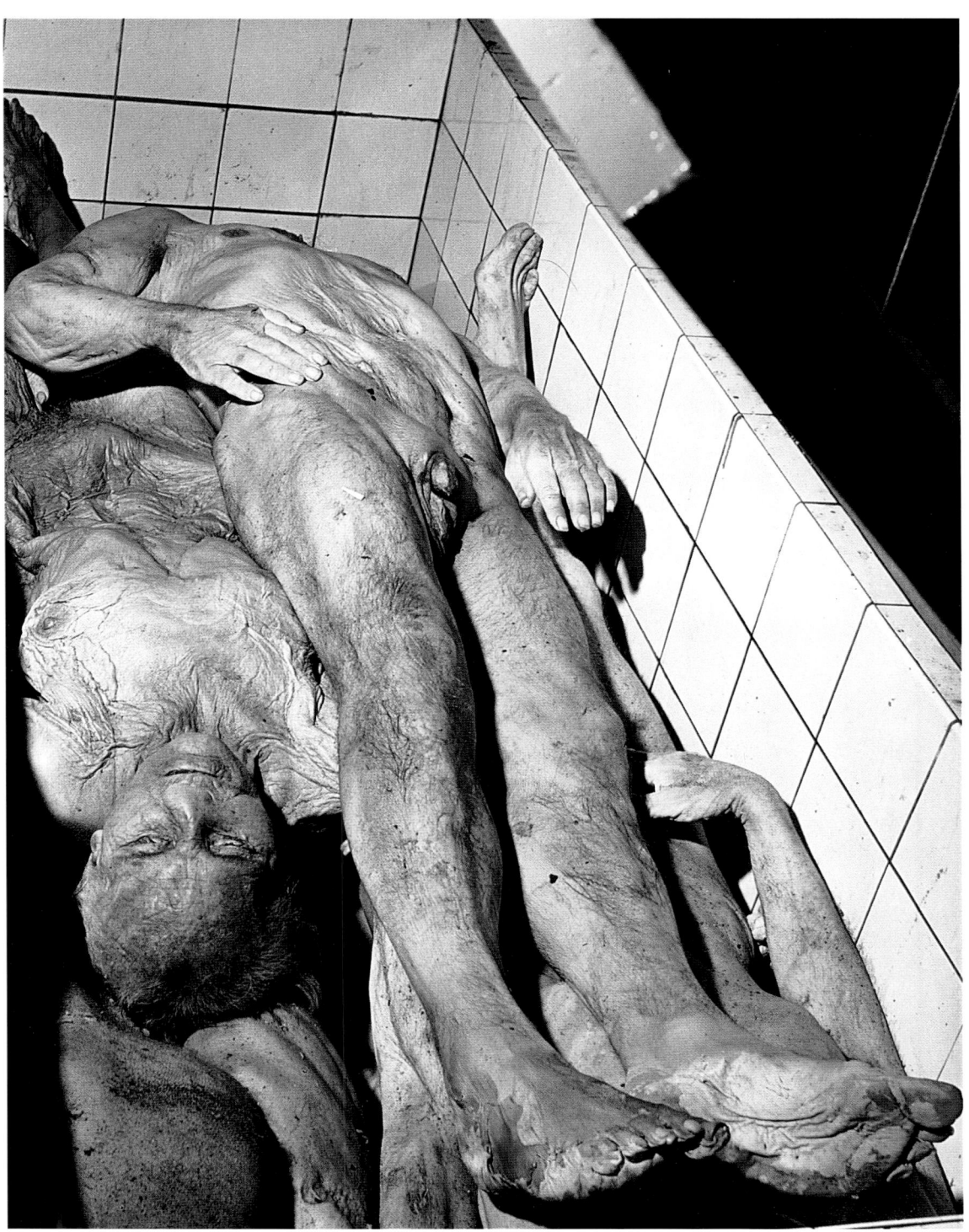

Im Jahr 1931 sprach Karel Teige von einer neuen Art der bildnerischen Fotografie „die nichts anderes mehr will, als mit Licht und Schatten zu spielen, ein fotogenetisches Gedicht". Teige war der Überzeugung, dass „neue Bilder von hinlänglich bekannten Dingen unsere Kenntnisse der Realität und ihrer Strukturen bereichert haben. Kurz gesagt, sie haben unsere visuelle Erfahrung erweitert und die Fähigkeit zu sehen und zu betrachten geschärft." Auch wenn er die Meinung äußerte, dass diese neue Bewegung schon das erreicht hätte, was sie sich als Ziel gesetzt hatte, und im Begriff war in den Manierismus abzurutschen, machte Teige dennoch mit seiner Version von dem weiter, was er die „freie Fotografie" nannte.

Das Prag der Zeit vor dem Zweiten Weltkrieg prägt Teiges Kunst. Damals war die Stadt ein außerordentlich fruchtbarer Boden für künstlerische Kreativität und die Fotografie Objekt vieler Experimente. Teige war einer der Anführer in den avantgardistischen Fotografie-Zirkeln und nahm Einflüsse von brandaktuellen Gemälden wie auch aus der Architektur und dem Film auf. Als Theoretiker und Praktiker gleichermaßen stritt er für die Unabhängigkeit der Fotografie von der Malerei der Vergangenheit wie auch der Gegenwart und forderte seine Kollegen auf, die aufregenden Fortschritte der Wissenschaftler bei der Herstellung mikroskopischer und teleskopischer Abbildungen nicht zu ignorieren.

In dieser stilisierten Präsentation eines weiblichen Körpers werden gerundete röhrenartige Fragmente des Körpers gegen bogenförmige und dreieckige Zonen von Licht und Schatten gesetzt. Teige meistert das schwierige Kunststück, die Figur deutlich gezeichnet zu halten (das bedeutet, wir verlieren „den Akt" niemals aus dem Sinn), während es ihm gelingt ihre Komponenten in ein abstraktes Schema zu bringen; das Bild verliert sich durch solide Verankerung von Bein und Schenkel sowie die anatomisch korrekte Platzierung der Brüste nicht in *totaler* Abstraktion.

F o r m

45.   **Karel Teige**
Tschechoslowakei, 1900 – 1951
Ohne Titel
1947
Gelatine-Silberdruck

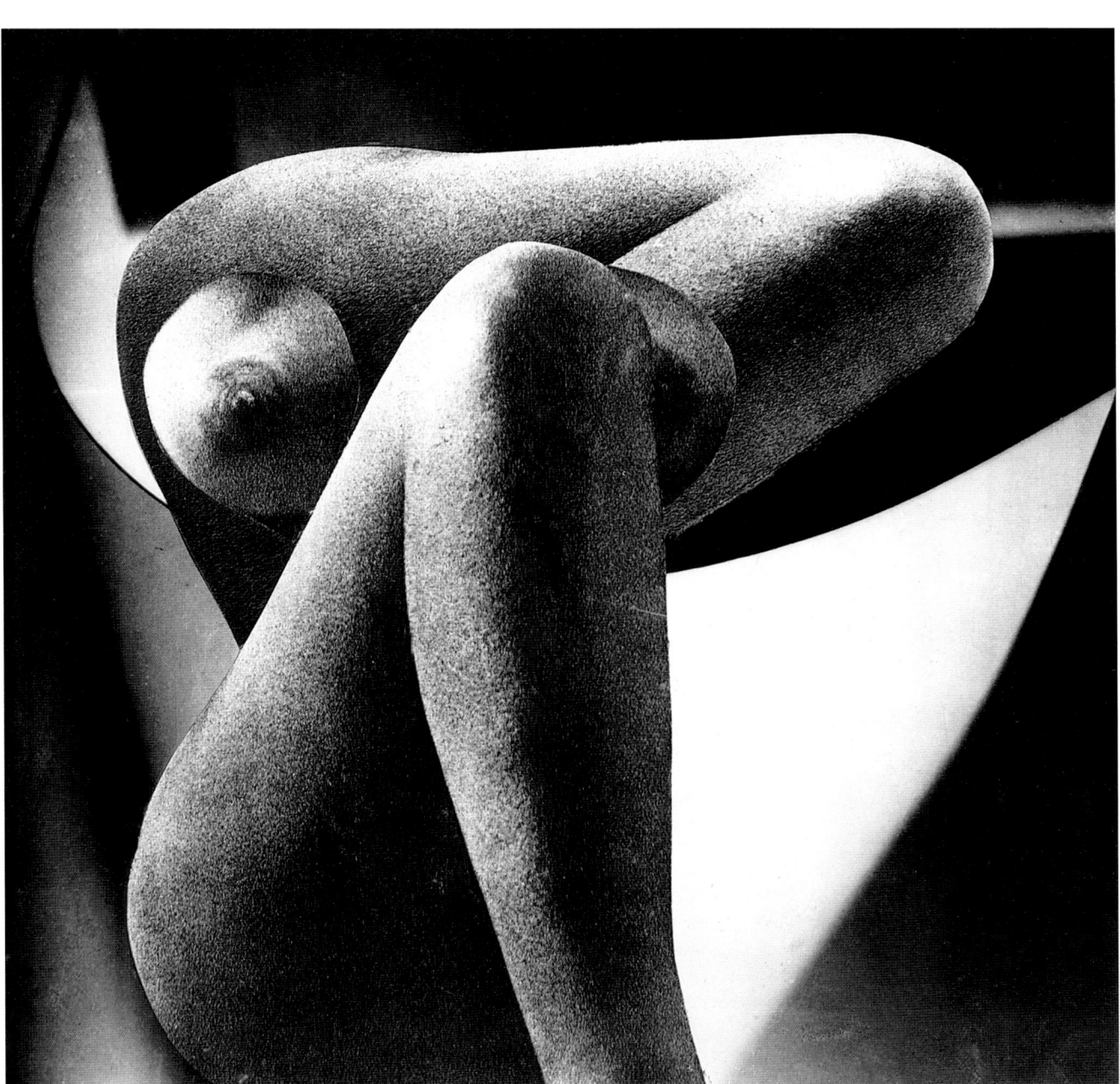

George Rodger war nahe daran, 1945 die Fotografie auf-
zugeben, nachdem er als einer der Ersten Zeuge der Nazi-
verbrechen im Konzentrationslager von Bergen-Belsen
geworden war. Als junger Mann hatte er sich mit großem
Enthusiasmus auf eine Karriere als Fotojournalist gestürzt.
Als 1939 der Krieg ausbrach, verlor das Magazin *Life* keine
Zeit, den talentierten Fotografen als Berichterstatter zu den
Feindseligkeiten in Nordafrika, dem Nahen und Fernen Osten
sowie in Westeuropa zu schicken. Seine Liebe zu Afrika,
die er während seiner vielen Aufenthalte entwickelt hatte,
wurde durch seine bestürzenden Erlebnisse in Bergen-Belsen
neu belebt. In dem Licht dieser Erkenntnisse schienen ihm
die Menschen des afrikanischen Kontinents über eine natürliche Schönheit und eine Reinheit der Seele zu verfügen, zu
der die Europäer nicht mehr länger fähig waren. Von 1947
an widmete er sich völlig dieser Leidenschaft und begann
Bilder dieser schnell vergehenden Welt der afrikanischen
Stämme anzuhäufen. Der romantische Enthusiasmus, der
ihn bei seinem Unterfangen antrieb, ist eine Reminiszenz an
den Mythos des „edlen Wilden" nach Rousseau, eine Vorstellung, die sich in der westlichen Welt hartnäckig gehalten
hat. Auch wenn sich dieses Konzept schon lange intellek-
tuell diskreditiert hat, kann man Rodger keinen Vorwurf aus
seinem Wunsch machen, Zeugnisse dieser fragilen und wohl
zum Untergang verurteilten Kulturen zu bewahren.

Ausdruck

46.　　　　　**George Rodger**
Großbritannien, 1908 – 1995
Dinka-Jungen aus Duk Fadiat, südlicher Sudan
1948
Gelatine-Silberdruck

Die Zeit nach dem Zweiten Weltkrieg versprach eine Ära des Wohlbefindens: Wohlstand und Freizeit in Hülle und Fülle. Die Modemagazine förderten diesen Traum in der Hoffnung, ihre Leser aus der Mittelklasse davon zu überzeugen, dass diese Lifestyle-Visionen mit relativ geringem Aufwand für alle erreichbar waren. *Vogue* und *Harper's Bazaar*, die führenden Magazine instruierten die Frauen, wie sie sich zu kleiden und zu verhalten hatten, wenn sie sich ihre Ambitionen erfüllen wollten. Die Pflege des Körpers an sich hatte noch nicht den heutigen obsessiven Charakter. Zu dieser Zeit lag die Betonung eindeutig auf der Kleidung, auch wenn die kosmetische Industrie, deren primäres Interesse das Gesicht war, rapide wuchs. In den Magazinen dieser Zeit waren nackte und halbnackte Körper, die verschiedenste Schönheitsprodukte anpreisen, selten zu sehen.

Während der 22 Jahre, die Louise Dahl-Wolfe als Fotografin für *Harper's Bazaar* arbeitete, hat sie eine nüchterne Herangehensweise an ihre Themen entwickelt. Dahl-Wolfes Frauen sind entspannt und locker, mit Zutrauen in sich, ihre Kleider und die Umgebung. Auch wenn sie natürlich erscheinen, ist das Ambiente penibel arrangiert und mit außerordentlichem Sinn für die Details ausgeleuchtet. Dahl-Wolfes *Akt in der Wüste* betritt ein ganz eigenes Terrain, auch wenn sie damit auf die berühmten, zehn Jahre zuvor in den Sanddünen entstandenen Akte von Edward Weston anspielt. Westons Akte waren schamlos erotisch. Der Körper auf den Fotografien war schließlich der einer Geliebten. Dahl-Wolfes Akte hingegen gehören zu einer privilegierten Welt des Müßigganges, wo der Körper gehätschelt und getätschelt wird. In den weiblichen Akten von männlichen Fotografen ist der Körper „ein Objekt der Begierde", in dem Sinne, dass der männliche Betrachter sich vorstellt, diesen Körper zu besitzen. Die Betrachterin jedoch, so hofft man, wünscht sich einen genauso perfekten Körper. Am Ende entscheidet der Kommerz und nicht die Kunst.

Ikonen

47.

Louise Dahl-Wolfe
Amerika, 1895 – 1989
Akt in der Wüste
1948
Gelatine-Silberdruck

1952 besuchte Gerhard Kiesling, damals ein junger Fotoreporter, in Begleitung einer Journalistin die Zeche in Zwickau.
Die Schwerindustrie und ihre Arbeiter hatten in der Plan-
wirtschaft der DDR eine Schlüsselrolle, ein Beitrag, den die
Regierung im Namen des Kommunismus preisen wollte.
In 1200 Meter Tiefe angekommen, spürten die beiden Reporter die niederdrückende Hitze und den ohrenbetäubenden
Lärm von der Strecke. Sie fanden sich unter nackten und
halbnackten Männern, die sowohl mit einfachem Werkzeug
als auch mit schwerem Gerät dem Berg seine Kohle ent-
rissen. Kiesling hatte davon gehört, dass die Männer nackt
arbeiteten, und wollte das aufnehmen, um seinen Bericht
dramatisch zu färben. Er befürchtete jedoch, die Männer
würden sich in Gegenwart einer Frau zurückhalten. Abgesehen von einigen derben Hänseleien, geschah jedoch
nichts Derartiges. Ironischerweise trugen die Arbeiter in
der *veröffentlichten* Version dieser Fotografie – dank des
Retuscheurs der Fotoagentur – kurze Hosen. Trotz der
„noblen" und „heroischen" Aspekte der Arbeit konnte die
Partei keine Bilder zulassen, die den Eindruck erweckten,
dass kommunistische Arbeiter, die willens waren, ihre eigenen Interessen dem Gemeinwohl unterzuordnen, gezwungen waren in einer Höllenhitze, die offensichtlich Nacktheit
erforderte, zu arbeiten. Kieslings persönliche Enttäuschung
hielt ihn nicht davon ab, weiterhin Dokumente zu produzie-
ren, die das Leben der Arbeiter und Bauern eher so zeigte,
wie *er* es sah, als durch die rosa gefärbte Brille der offiziel-
len Ideologie.

Fleisch

48.   **Gerhard Kiesling**
Deutschland, geb. 1922
*Bergleute in der Zeche Martin Hoop
in Zwickau in 1200 Meter Tiefe*
1952
Gelatine-Silberdruck

Eine konventionelle Szene und ein Motiv mit einer langen künstlerischen Tradition: der am Strand liegende nackte Körper einer Frau. Mit den Augen von Bill Brandt gesehen, gewinnt dieses Thema neue Aussagekraft. Auf den ersten Blick sind wir nicht einmal sicher, ob wir tatsächlich einen Akt betrachten. Eher ein knollenartiges Wesen, herausgewaschen aus dem Meer, am äußersten Ende von einem Knäuel aus Meeresalgen gekrönt, das von den Wellen abgetragen wird. Die biomorphen Formen von Henry Moore und Jean Arp kommen uns in den Sinn.

Bill Brandt hat sowohl für seine scharfsichtigen Studien des gesellschaftlichen Lebens in England als auch für seine ausdrucksvollen Landschaften Anerkennung gefunden, eher er seine Aufmerksamkeit gegen Ende der 40er-Jahre des 20. Jahrhunderts dem Akt zuwandte. Seine ersten Aktstudien fertigte er in großen, beinahe leeren Stadtwohnungen, in denen er teilnahmslose junge Frauen als Gefangene eines eigentümlichen Unbehagens abbildete. Später ließ er seine Modelle im Freien an den Stränden von Sussex und in der Normandie posieren, wo sie uns andere Rätsel aufgeben. Hier sehen wir sie fragmentiert. Ein Ohr liegt wie ein abgesprungener Reifen im Vordergrund; zwei Hände ruhen wie ein gestrandetes Walross auf den Kieseln; eine Masse ineinander verschlungener Finger steht Wache wie eine Statue. Die Faszination des Betrachters beruht auch auf der Feststellung, dass diese Bilder keine Tricks aus der Dunkelkammer sind. Das heißt, die Körperteile sind nicht aus Fotografien herausgeschnitten und auf die Landschaft geklebt. Außer den zufällig durch das Objektiv produzierten Verzerrungen sind diese Fotografien vollständig im Sucher entstanden. Die Illusion der Fragmentation beruht auf den einfallsreichen Posen, in denen Brandt die Modelle arrangiert hat, und dem Blickpunkt des Fotografen nahe dem Boden. Indem die Illusionen in der Kamera geschaffen werden, verleiht das dem Bild eine nahtlose Qualität, die mit einer Collage oder Fotomontage nie erzielt werden könnte. Paradoxerweise ist es gerade diese nahtlose „Realität", die unser Empfinden für das Mysteriöse steigert und uns in das Reich der Träume entführt.

Fiktion

49.

Bill Brandt
England, geb. in Deutschland, 1904–1983
Akt, Ostküste von Sussex
1953
Gelatine-Silberdruck

Leon Levinstein war als „Straßenfotograf" bekannt, als
jemand, der die Stadt auf der Suche nach dem alltäglichen
Drama durchstreifte. Anders als die anderen gefeierten
Fotografen aus der später so genannten New Yorker Schule,
wie Arthur Fellig (bekannt als „Weegee, der Berühmte"),
der unter dem städtischen Drama Mord und Selbstverstümmelung verstand, oder Helen Levitt, die sich an der ureige-
nen Welt der Straßenbanden vergnügte, war Levinstein
primär an der menschlichen Figur in der Beziehung zu ihrer
Umgebung interessiert. Die psychologischen und sozialen
Aspekte der Situationen, die er beobachtete, waren für ihn
viel weniger von Interesse als die bildnerischen Belange
der Moderne: der menschliche Körper als zufällige Skulptur,
die sich permanent verändert. Seine Suche führte ihn
häufig nach Coney Island, einem äußerst beliebten Strand
mit einem Vergnügungspark, wo sich die New Yorker aller
Nationalitäten zusammenscharten, um im Sommer der drü-
ckenden Hitze der Metropole zu entkommen. Dort konnte
sein Blick unbeobachtet umherstreifen, um in einfachen
Gesten und Formen potenziell ansprechendes Bildmaterial
zu finden.

In dieser Fotografie reicht ihm dafür schon der Rücken eines
Mannes. Dieser Rücken ist nicht eigentlich schön oder at-
traktiv, weil er jung und schlank ist, noch ist er interessant,
weil er kräftig ist, und sein Besitzer ist wahrscheinlich nur
mit den Problemen beschäftigt, die ihm dieser zunehmend
bereitet, während er älter wird. Er beachtet mit ziemlicher
Sicherheit nicht dessen Faszination für den Fremden, der
nah hinter ihm lauert. In den Augen von Levinstein hat
dieses massive, eiförmige Objekt jedoch die monumentale
Präsenz einer der Statuen auf den Osterinseln.

Fleisch

50.   **Leon Levinstein**
Amerika, 1908–1988
Coney Island
1955
Gelatine-Silberdruck

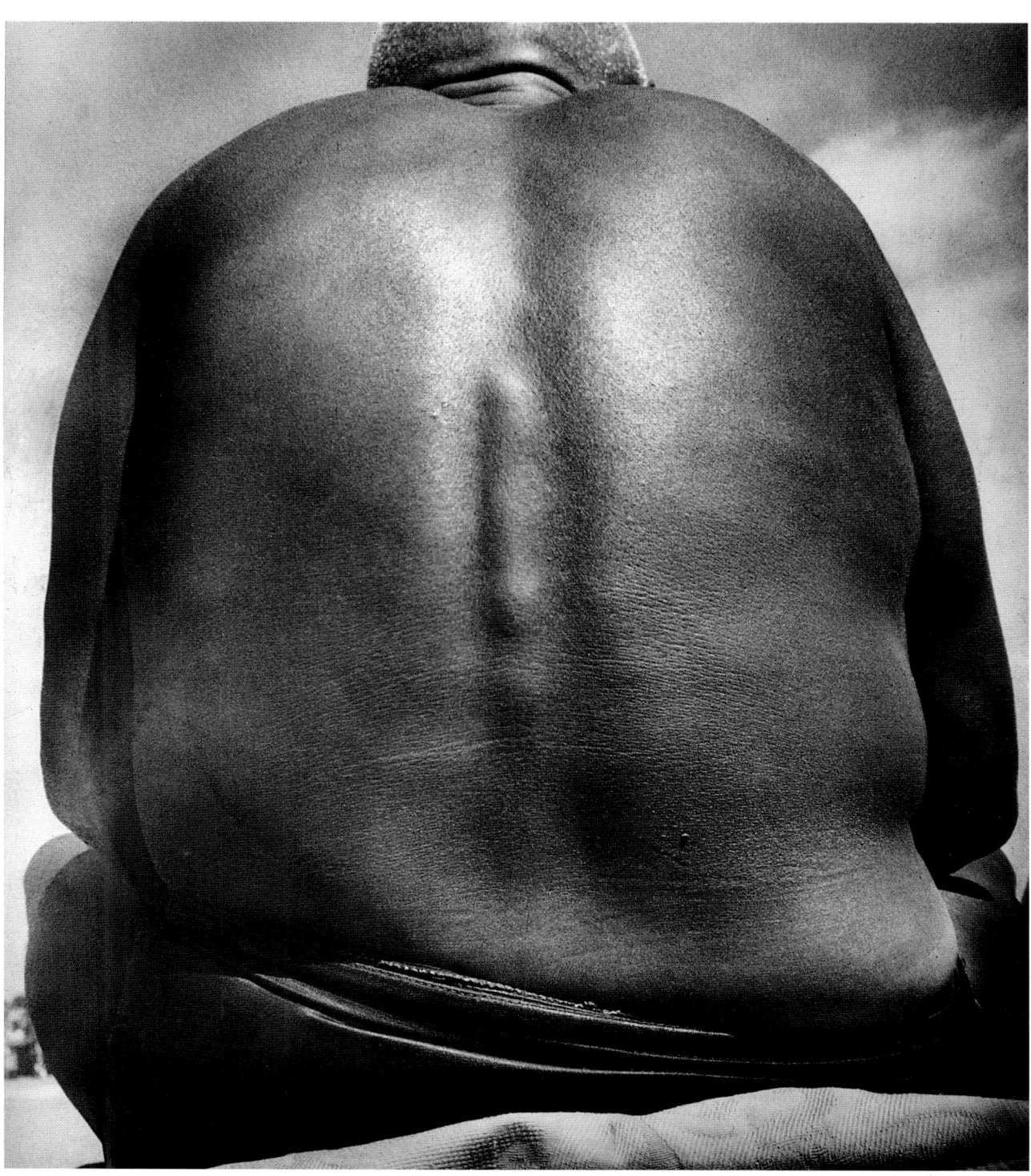

Carolee Schneemann war mit ihren Perfomances, Happenings, Installationen und Multi-Media-Arbeiten in den 50er-Jahren des 20. Jahrhunderts an einem Scheidepunkt ihrer künstlerischen Experimente. Wie auch andere Künstler glaubte sie, die Malerei sei zu einer rein intellektuellen Übung geworden und habe den Kontakt zu den innersten und emotionalen Aspekten der menschlichen Existenz verloren. Wie diese Künstler nahm sie den eigenen Körper als Rohmaterial und als nützliches künstlerisches Werkzeug – als Leinwand und Pinsel.

Schneemanns „Body Art" war durch und durch feministischer Natur. Ihre Perfomances, manchmal in der Öffentlichkeit, manchmal im privaten Bereich, nur mit der Kamera als Zeugin, waren intim und animalisch. *Eye Body*, bestehend aus einer Serie von Schwarz-Weiss-Fotografien, war ihre erste Körperaktion, die ausdrücklich für die Kamera bestimmt war und von ihrem Freund, dem isländischen Fotografen Errò fotografiert wurde. In ihrer „Naked Action Lecture" 1968 am Institute of Contemporary Arts in London kleidete sich Schneemann an und aus und stellte dabei Fragen wie: „Kann eine nackte Frau ein Kunst(h)istoriker [das „h" ist bewusst weggelassen] sein?" und „Kann sie die Aufmerksamkeit des Publikums fesseln, während sie nackt ist und dabei spricht?" Für *Interior Scroll* im Jahr 1975 entrollte sie eine lange Rolle Papier aus ihrer Vagina.

Anders als ihre männlichen Kollegen, die mehr an der Verwundbarkeit des Fleisches, der Natur des Schmerzes und der Einwirkung von Kräften interessiert waren, richtete Schneemann ihren Blick auf die Lust. Eine Lust, die der Körper ausstrahlen konnte, wenn der westliche Mensch seine animalische Seite wahrzunehmen und das Wissen anderer Kulturen um eine weniger repressive Körperlichkeit zu akzeptieren vermochte. Im Laufe der Jahre hat Schneemann Bildwerke aus fremden Kulturen gesammelt und sie vergleicht deren Ikonografie ständig mit den Dokumenten ihrer eigenen Performances. Durch die Zahl der verblüffenden „Übereinstimmungen" zwischen „archaischen Konfigurationen" und ihren eigenen „gelebten Aktionen" hat sie die Erkenntnis gewonnen, ihre Performances würden von den gleichen fundamentalen Kräften angetrieben, die andere Künstler in fernen Zeiten und Orten inspiriert hatten.

Politik

51.   Carolee Schneemann
Amerika, geb. 1939
*Eye Body: 36 transformative Aktionen
für Kamera (fotografiert von Errò)*
1963
Gelatine-Silberdruck

Nach dem Zweiten Weltkrieg bezogen österreichische Künstler häufig konfrontierende und schockierende Positionen. Die Wiener „Aktionisten" setzten auf öffentliche Performances, die dazu dienen sollten, die niederen Instinkte des Menschen zum Vorschein zu bringen. Die Aktionisten standen in der Tradition der 50 Jahre älteren expressionistischen Wiener Schule und schufen Arbeiten von großer Vehemenz und sogar Grausamkeit. Die als Maler ausgebildeten jungen Künstler, unter ihnen Hermann Nitsch, Günter Brus und Otto Mühl, benutzten ihren Körper als bevorzugtes Ausdrucksmittel und „bemalten" diesen sogar mit Blut und Exkrementen.

Rudolf Schwarzkogler stieß 1964 zu der Gruppe und beteiligte sich an Gruppenaktions-Happenings. In den Jahren danach begann er auf eine sehr persönliche Art zu arbeiten. Er inszenierte fünf oder sechs (die Berichte darüber sind ungenau) Fotoarbeiten, die er *Aktion mit einem menschlichen Körper* nannte. Er nahm seinen Freund Heinz Cibulka als „Körper-Objekt" und beauftragte die Fotografen Ludwig Hoffenreich und Angelika Hausenblas damit, die Arbeit zu dokumentieren. Schwarzkogler inszenierte unter Einbeziehung zerstückelter und verstümmelter Körper extrem verstörende Szenarien. Der von diesen Bildern hervorgerufene Horror kann die Mythen erklären, die seinen frühen Tod umgeben. Viele glauben, er sei an den Folgen einer Reihe von Selbstamputationen, darunter auch seiner eigenen Kastration, gestorben. Tatsächlich brachte er sich selber um, aber nicht durch Selbstverstümmelung (die in allen Aktionen von seinem Modell dargestellt worden waren), sondern durch einen Sprung aus dem Fenster seiner Wohnung im zweiten Stock. Edith Adam, zu dieser Zeit seine Partnerin, spekulierte, er sei entweder aus dem Fenster gefallen (er war einige Zeit lang verwirrt und hatte Halluzinationen) oder gesprungen (infolge seiner Depressionen) oder er habe tatsächlich versucht zu fliegen (er war immer stärker besessen von Yves Kleins Fotomontage *Sprung ins Leere*). Von dem Schrecken ausgehend, den der menschliche Körper für Schwarzkogler beinhaltete, scheint der Gedanke, dass er sich aufschwingen wollte, um diesen irdischen Sphären zu entfliehen, nicht so weit hergeholt zu sein.

Ausdruck

52.

Rudolf Schwarzkogler
Österreich, 1940–1969
4. Aktion (fotografiert von Angelika Hausenblas)
1965–1966
Gelatine-Silberdruck

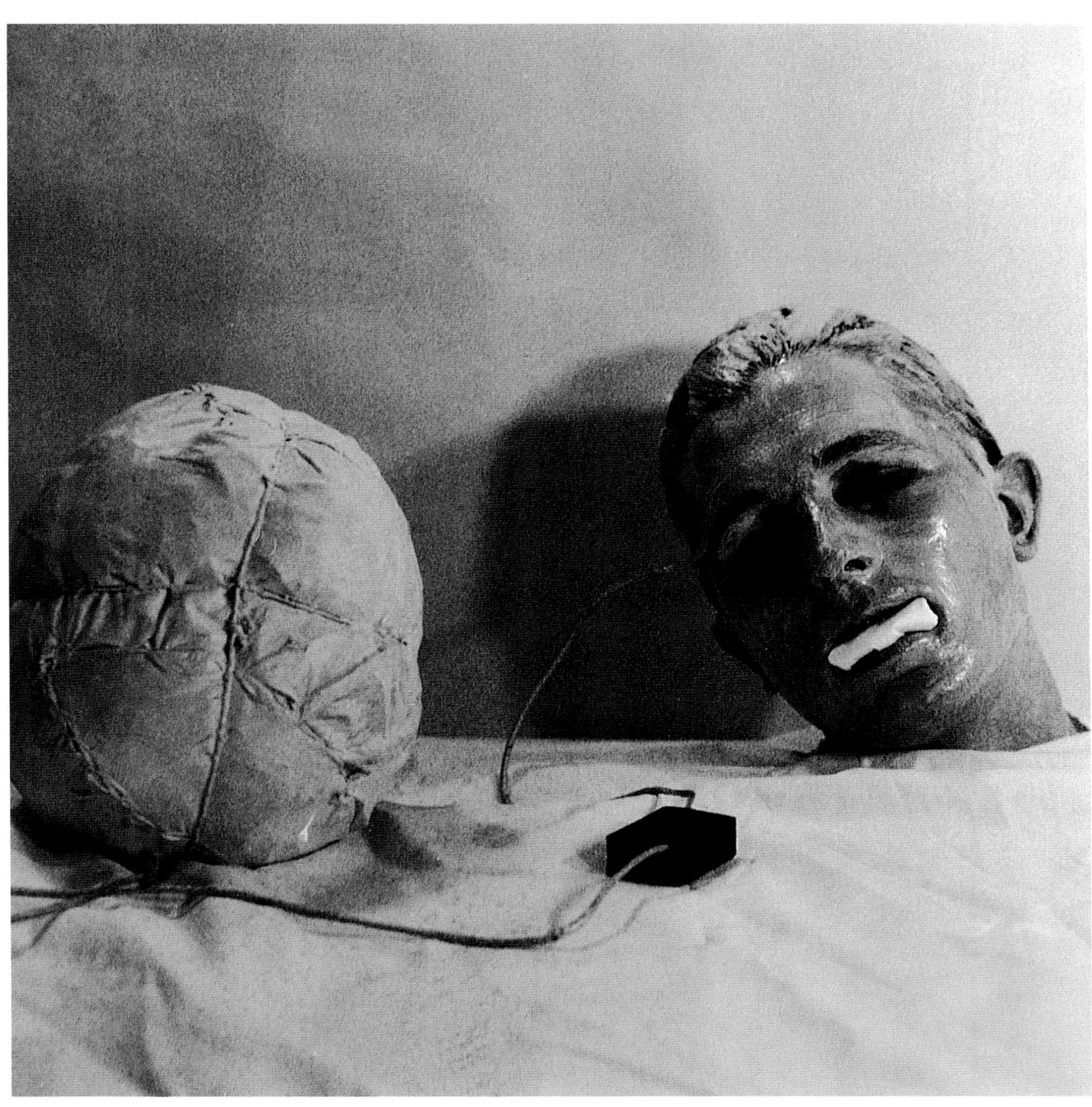

1958 verließ Romano Cagnoni seine toskanische Heimat und ging nach London, wo er sich zum Fotojournalisten ausbilden ließ. Von 1962 an reiste er im Auftrag von *Sunday Times, Life, Stern* und anderen großen internationalen Zeitschriften um die Welt. Die Unbehausten, die Armen, die Vertriebenen und die verzweifelten Einsamen sind das zentrale Thema seiner Arbeiten. Er zeichnete sich besonders durch seine ausgewogene Berichterstattung über Kriege und ihre Auswirkungen auf Soldaten wie auch Zivilisten aus. Er war der erste westliche Fotograf, dem es gestattet wurde, nach Nordvietnam zu kommen, wo er die Ehre hatte, Ho Chi Minh zu fotografieren. Später folgten die Kriege im Nahen Osten, Biafra, Bangladesch, Afghanistan und auf den Falklandinseln.

Dieses Bild zeigt das Training von Rekruten während des Bürgerkrieges in Biafra, als diese Provinz um ihre Unabhängigkeit von Nigeria kämpfte. Cagnoni betrachtet durch sein Teleobjektiv die Möchtegern-Soldaten aus der Ferne. Das hat den Effekt, dass die Soldaten, die näher beieinander sind, zu einer geordneten Masse zusammengezogen werden. Gemeinsam mit der an ein Fries erinnernden Reihe von Figuren am oberen Bildrand betrachtet, wird unter dem Aspekt der Komposition eine Art organischer Skulptur suggeriert. Der Fotograf wollte besonders die Homogenität der Gruppe betonen; nämlich wie die jungen Soldaten durch den Verlust ihrer individuellen Identität für ihre Rolle als Rädchen in der Kriegsmaschinerie vorbereitet werden. Der Begriff „Geometrie des Schmerzes", der Titel seines 1984 publizierten Buches, ist eine treffende Beschreibung für Cagnonis stark grafisch orientierten Stil, der den Betrachter durch seine krassen Kontraste, seine Rhythmik und seine Abstraktion der Grenzlinien stark anspricht.

Form

53.   **Romano Cagnoni**
Italien, geb. 1935
Bürgerkrieg in Nigeria
1968
Gelatine-Silberdruck

Kishin Shinoyama scheint die Inspiration für seine eigenen Grübeleien über die Mysterien des Unterbewussten im Surrealismus gefunden zu haben. Auch wenn dieses Bild ohne Fotomontage oder Collage hergestellt wurde, wirkt *Die Geburt* wie ein Bild herausgelöst aus einem verworrenen Traum. Es hat etwas von der Qualität der stillstehenden Zeit, eines der Themen von Dali und de Chirico.

Eine riesige vogelähnliche Frau schwebt beschützend über ihrem „Neugeborenen" und scheint wie eine große Sturmwolke den Himmel auszufüllen. Ihre Sinne sind ganz auf Gefahren ausgerichtet. Nackte Körper, von denen nur einer eindeutig einer Frau gehört, befinden sich in weiterer Entfernung am Strand. Sie blicken, wie in der Erwartung eines wichtigen und bedeutsamen Ereignisses alle in verschiedene Richtungen. Shinoyamas Figuren scheinen, nackt angesichts der Natur, so verwundbar und isoliert wie alle anderen Kreaturen dieses animalischen Reiches. Kraftlos, so scheint es, versammeln sie sich, um sich gegenseitig zu unterstützen.

Das ist natürlich nur eine Hypothese. Alternativ kann das Bild die gleiche Frau (auch wenn hier eindeutig vier verschiedene Modelle Pate standen) zu verschiedenen Tageszeiten zeigen. Wach, schlafend, in Ruhe oder in Bewegung, wie in einer Mehrfachbelichtung. Diese mehrfachen Lesarten sind wahrscheinlich Shinoyamas Intention. Wie auch immer man das Bild interpretieren mag, wir können nur die grafische Eloquenz bewundern, mit der der Fotograf Realität und Fiktion kunstfertig ineinander übergehen lässt.

Fiktion

54.
Kishin Shinoyama
Amerika, geb. 1940
Die Geburt
1968
Gelatine-Silberdruck

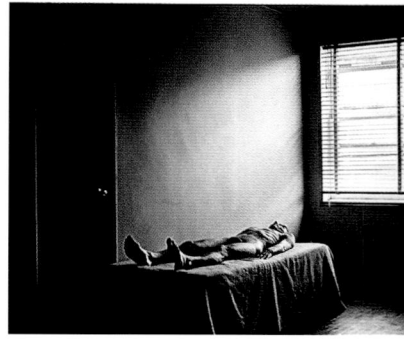

Während bei einigen Fotografen das einzelne Bild für das Ganze steht, müssen andere ihre Ideen in Bilderfolgen ausdrücken. Duane Michals nutzt fotografische Sequenzen, die es gestatten, Geschichten zu entwickeln, manchmal begleitet von kurzen Texten. Seine Geschichten kleidet er in verschiedene Formen: Anekdoten, Parabeln manchmal Gedichte. In *Die Seele verlässt den Körper* beobachten wir, wie die „Seele" eines Verstorbenen aus dem Körper emporsteigt und sanft entschwebt. Trotz ihrer vergeistigten Form ist die Seele, wie wir mit einiger Erleichterung bemerken, in ihrer Erscheinungsform noch immer sehr menschlich und offensichtlich den gleichen Gesetzen der Schwerkraft unterworfen, die seine frühere Hülle an die Erde fesseln. Der Geist der ewigen Jugend verlässt den Körper des hohen Alters. Während er von dannen zieht, breitet er sich weiter über das Bild aus, löst sich dabei mehr und mehr auf und scheint sich, sobald er über das Bild hinausgeht, unendlich auszudehnen. Das Bild erinnert an die alten „Geisterbilder", die von den Quacksalbern des 19. Jahrhunderts so kunstfertig gezaubert wurden. Gleichzeitig sind sie aber auch ein spielerischer Fingerzeig auf die Dickschädel von Realisten, die weiterhin glauben, die Fotografie könne nur das dokumentieren, was das menschliche Auge sehen kann. Duane Michals hat, vielleicht mehr als jeder andere Fotograf der zweiten Hälfte des 20. Jahrhunderts, die Rolle der Poesie und des Spiels in der fotografischen Praxis hochgehalten.

Fiktion

55. **Duane Michals**
Amerika, geb. 1932
Die Seele verlässt den Körper
1968
Gelatine-Silberdruck

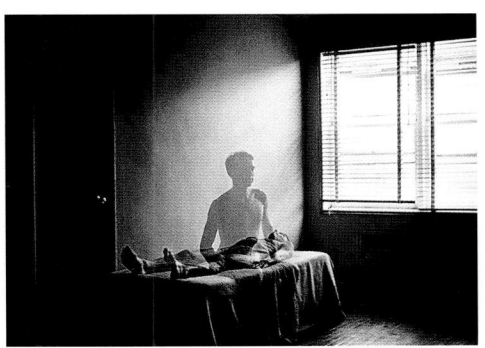

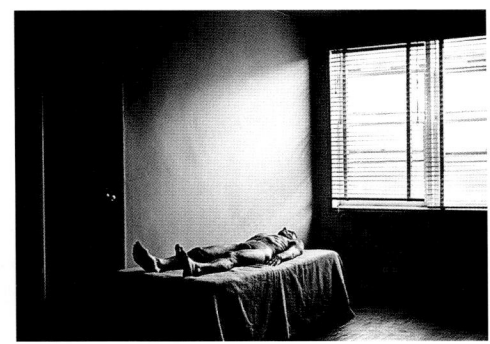

Valie Export war eine Wiener Künstlerin der post-aktionis-
tischen Periode, deren Performances im Guerilla-Stil zu den
ersten feministischen „Aktionen" gehören, die in Europa
stattfanden. Insofern der Begriff Terrorismus auf die Kunst
anwendbar ist, trifft er auf die Perfomances von Export zu.
Es war ihre Absicht, gewalttätige Reaktionen des Publikums,
eher der Menschen auf der Straße als der künstlerisch
interessierten Meute, zu provozieren. Ausgangspunkt für
einige ihrer Arbeiten war die Denunzierung sowohl der
konventionellen Sexualmoral als auch der Verdinglichung
der Körper der Frauen.

Hier sehen wir die Künstlerin in Pose nach einer derartigen Aktion in einem Kino in München. Sie hatte den
Vorstellungsraum mit einer Maschinenpistole bewaffnet
betreten und trug dabei Hosen, die ihre Scham völlig ent-
blößten. Nachdem sie dem Publikum verkündet hatte, es
gäbe „echte" Genitalien, nicht nur solche auf der Leinwand,
lud sie die Anwesenden dazu ein, mit ihr alles zu machen,
was sie wollten. Dann ging sie von Reihe zu Reihe und
richtete die Waffe auf die Köpfe der Leute dahinter. Reihe
um Reihe erhob sich schweigend, merkt sie an, und verließ
das Kino. Sie fand heraus, dass die Zuschauer sich zu echten
Genitalien völlig anders verhalten als zu denen, die sie in
pornografischen Filmen geboten bekamen.

Ausgehend davon, dass ein Gewehr üblicherweise als
das Phallussymbol *par exellence* gilt, ist die Assoziation von
weiblichen Genitalien mit einer solchen Waffe eine starke
Provokation. Export gebrauchte solche Symbole trotz der
offensichtlichen Gefahr für sich selbst weiterhin in Performances, weil sie erkannt hatte, dass damit tief sitzende
Ängste und Vorurteile provoziert werden können. Obwohl
die hier gezeigte Fotografie das Einzige ist, was von dieser
gewagten Aktion blieb, hat sie noch immer eine schockierende Kraft.

140

Politik

56.

Valie Export
Österreich, geb. 1940
Aktionshose: Genitalpanik
1969
Gelatine-Silberdruck

Dieses unerträgliche Bild zeigt ein doppeltes Leiden: ein kranker, erschöpfter nigerianischer Junge lehnt an einer Wand in einem Lager, wo er zusammen mit Hunderten von anderen Kindern an Hunger stirbt. Er hält eine leere Dose in der Hand. Das Los, das er zu tragen hat, so McCullins Bildunterschrift, ist noch viel schwerer aufgrund seiner blassen Hautfarbe. Als Albino wird er von den anderen Jungen gemieden. Der Bürgerkrieg, verursacht durch den Versuch der Provinz Biafra, die Unabhängigkeit von Nigeria zu erlangen, hat McCullin zutiefst bewegt. Anfänglich sympathisierte er mit den Zielen der Rebellen. Er verlor aber nach und nach das Vertrauen in ihre Sache, als ihm das Ausmaß ihrer Brutalität klar wurde. McCullin hatte seine Karriere als Kriegsberichterstatter in dem Glauben begonnen, er sei primär dafür verantwortlich, über das Schicksal der Soldaten zu berichten. Seine Erlebnisse in den Bürgerkriegen auf Zypern und in Nigeria überzeugten ihn davon, dass die wichtigsten Geschichten die über die Leiden der zivilen Bevölkerung, der Männer, Frauen und Kinder als unschuldige Opfer der Gewalt seien. McCullins große Gabe war die Fähigkeit, Bilder zu machen, deren „Schönheit" oder Ästhetik – schwierige Begriffe in diesem Zusammenhang, aber dennoch gültig – den Betrachter magisch anzieht, bevor sich der wahre Horror entfaltet. Mit anderen Worten, die Strenge der Form schützt gegen einen sonst überwältigenden Inhalt. McCullin wurde während seiner Tätigkeit zweimal verwundet und arbeitet nicht mehr als Kriegsfotograf. Er merkt mit einer gewissen Ironie an, der Fotojournalismus erfreue sich in einer Zeit, in der sich die Herausgeber von Magazinen bei den wesentlichen Themen zurückhalten, einer großen Nachfrage durch die Kuratoren der Museen und die Herausgeber von Büchern. Berichte über „Lifestyle" und Gesellschaftsgrößen sind das, wonach das Publikum verlangt, merkt er an, und die umfassende Kriegsberichterstattung findet, mit Ausnahme gelegentlicher sensationeller Bilder des Leidens, wenig Absatzmöglichkeiten.

Schmerz

57. **Don McCullin**
Großbritannien, geb. 1935
Albino-Junge in einem Lager mit
900 sterbenden Kindern in Biafra, Nigeria
1969
Gelatine-Silberdruck

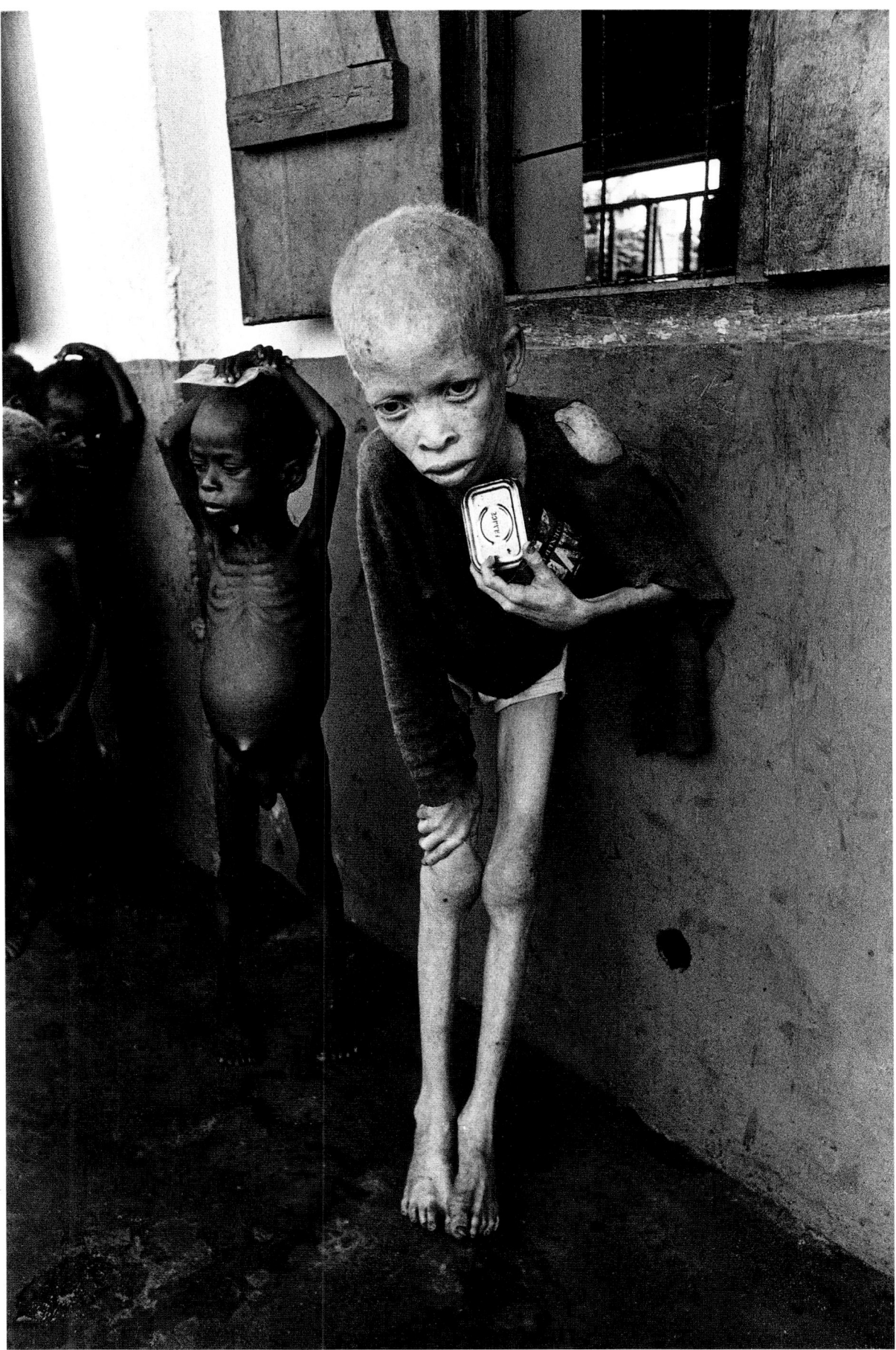

Dieses Plakat gegen den Krieg in Vietnam wurde 1970, zwei Jahre nach dem Massaker von My Lai am 16. März 1968, veröffentlicht. Damals tötete ein Bataillon der Armee der Vereinigten Staaten unter dem Kommando von Leutnant William Calley kaltblütig über 400 Dorfbewohner, alte Menschen, Frauen und Kinder. Ron Ridenhour, ein GI, der durch andere Soldaten von dem Massaker erfahren hatte, schrieb an das amerikanische Parlament, in dem kleinen Dorf habe sich etwas „Grauenhaftes" abgespielt. Die Untersuchung der Regierung von Südvietnam kam zu dem Ergebnis, es habe sich um „Kampfmaßnahmen" und eine feindliche Propagandaaktion gehandelt. Der Armeefotograf Ronald L. Haeberle war vor Ort und schickte im Dezember 1969 seine Fotografien an eine Zeitung in Melbourne, die gegen die Teilnahme australischer Truppen an diesem Konflikt opponierte. Der Bericht zu diesen Bildern beschreibt, wie ein Baby, nur mit einem Hemdchen bekleidet, über eine Reihe von Körpern zurück zu seiner getöteten Mutter krabbelt und ihre Hand ergreift. In diesem Augenblick kniet ein Soldat nieder, legt auf das Kind an und erschießt es. Als ein Soldat, der bei dem Massaker anwesend gewesen war, später in einem Fernsehinterview sagte, Calley habe befohlen, alle Dorfbewohner zu töten, fragte der Interviewer: „Männer, Frauen und Kinder?" „Männer, Frauen und Kinder", lautete die Antwort. „Auch Babys?" kam die Frage. „Auch Babys", antwortete der Soldat. Der lakonische aber äußerst kraftvolle Titel dieses Plakates stammt aus diesem Wortwechsel. Manche Fotografien haben eine enorme ideologische Wirkung. Kombiniert mit einem Text über die Zusammenhänge, in denen die Fotos aufgenommen wurden, wie bei diesem Plakat, das 1970 von der Art Workers' Coalition produziert wurde, können derartige Bilder zu mächtigen Werkzeugen der Propaganda werden.

Politik

58.   Ronald L. Haeberle / The Art Workers' Coalition
Frage: Auch Babys? Antwort: Auch Babys!
1970
Farbige Offset-Lithografie
nach chromogenem Druck

Für manche Künstler ist die Behandlung des Körpers als Objekt vielfältiger Phantasien und Provokationen eine Möglichkeit, sich von den Restriktionen ihrer sexuellen Identität zu befreien. In der Zeit zwischen 1960 und seinem Freitod 1976 hat der französische Fotograf Pierre Molinier ein erstaunliches Repertoire geschaffen, das sich ausschließlich der spielerischen Selbstdarstellung widmet. Zu einer Zeit, als die Selbstporträts von Fotografen, wie sie bereits in den 40er-Jahren des 19. Jahrhunderts gemacht wurden, allgegenwärtig waren, begann Molinier mit einem ungewöhnlichen Unterfangen. Der Künstler versuchte in einem peniblen Prozess von Fotomontagen seine „vorgegebene" Erscheinung und sein Geschlecht auszulöschen und es durch ein weibliches *alter ego* zu ersetzen. In dieser *ausgearbeiteten Inszenierung* hat er vor dem Objektiv verschiedene Posen eingenommen. Sein Gesicht ist geschminkt und sein Körper fetischisiert. Er trägt die stereotypischen Attribute der Weiblichkeit: Strapse, Netzstrümpfe und hochhackige Schuhe. Das Bild ist verlockend und orgiastisch: Die Beine und Füße bilden eine Krone und enthüllen hier und da Moliniers Gesicht als Mann und als Frau oder eher weder als Mann noch als Frau. In ihrem Spiel mit den sexuellen Erscheinungsformen reflektieren Moliniers Bilder die Faszination des „cross-dressing", das in den 70er-Jahren des 20. Jahrhunderts Eingang in die Kunst fand.

Verlangen

59. **Pierre Molinier**
Frankreich, 1900 – 1976
La Grande Mêlée
Um 1970
Gelatine-Silberdruck

Nick Ut wurde im Mekong-Delta in Vietnam geboren und war seit 1965 Fotograf bei Associated Press (AP). Er trat in die Fußstapfen seines älteren Bruders, der bei der Berichterstattung über eine Militäraktion getötet worden war. Ut gewann 1972 den Pulitzer-Preis für sein tragisches Bild der neun Jahre alten Phan Thi Kim Phuc, die voller Angst nach einem Napalmangriff davonläuft. In einer Phase aufkommender Ruhe bei Trang Bang auf der Straße Nr. 1 nach Nordwest-Saigon tauchten plötzlich Bomber am Himmel auf. Innerhalb weniger Sekunden spielte sich ein Drama ab. Die Zeit reichte nur, um drei bestürzende Bilder aufzunehmen: der Abwurf der Bomben, die flammenden Explosionen und die fliehenden zivilen Opfer. Kim Phuc hat sich die brennenden Kleider vom Körper gerissen und ihre verwundbare Nacktheit macht ihre Qualen noch viel eindringlicher. All die Kinder scheinen fragil im Verhältnis zu den Soldaten mit ihren Helmen und Armeeuniformen. Nick Ut berichtet, wie er dem Mädchen zu Hilfe eilte und sie in dem AP-Fahrzeug zusammen mit vielen anderen zivilen und militärischen Opfern in das nächste Krankenhaus brachte. Noch immer unter Schock, aber vollkommen in dem Bewusstsein, das Richtige zu tun, übermittelte er die Bilder umgehend an seine Agentur. Diese Fotografie, die auf den Titelseiten fast aller großen internationalen Tageszeitungen und Magazine erschien, gilt heute als eines der symbolträchtigsten Bilder der Gewalt des Vietnamkrieges.

Schmerz

60.   **Nick Ut (Ut Cong Huynh)**
Vietnam, geb. 1951
Napalmangriff, Vietnam
1972
Gelatine-Silberdruck

Als Man Ray 1949 auf die Fotografien von Henriette Grindat, einer damals 26-jährigen Schweizerin, aufmerksam wurde, war er von ihren surrealistischen Neigungen so begeistert, dass er für sie eine Ausstellung in der berühmten Pariser Buchhandlung La Hune arrangierte. Danach erschienen ihre Arbeiten häufig in wichtigen internationalen Fotografie- und Kulturmagazinen wie *Du*, *Arts et métiers graphiques* und *US Camera*. Grindat fand schon früh Gefallen an der Zusammenarbeit mit Autoren und ihre Fotografien zierten viele bedeutende Veröffentlichungen in Frankreich und in der Schweiz. Albert Camus und René Char bewunderten ihre Sichtweise und baten sie, ihnen Fotografien zur Verfügung zu stellen, die zu eigenen Texte inspirieren sollten. Das Ergebnis dieser Zusammenarbeit, *La Postérité du soleil*, wurde 1965 veröffentlicht.

Die fragmentarischen Akte von Bill Brandt mit ihren ungewöhnlichen und lyrischen Verzerrungen waren für Grindat eine Offenbarung. In den 70er-Jahren des 20. Jahrhunderts wurde der Körper ihr zentrales Thema. Sie machte zahlreiche weibliche Akte und war besonders fasziniert von den „natürlich" verformten Körpern schwangerer Frauen, die sie einige Male als Früchte abbildete. Zu der Zeit, als sie die Aufmerksamkeit ihrem Mann, dem Maler und Grafiker Albert Yersin zuwandte, hatte sie schon viele Fotografien mit Fragmentationen des Körpers aufgenommen. Sie sah ihn als mächtige körperliche Erscheinung und bildete seine Physiognomie häufig in Fragmenten ab, die in Inhalt und Form an Landschaften erinnerten. Hier wirkt Yersins Kopf wie ein großer wettergegerbter Klotz. Sein stark hervorgehobenes Ohr wirkt wie eine Antenne, die für die Klänge der Welt besonders empfänglich ist. Dieses Porträt ist in seiner Mischung aus Skulptur und Fotografie auch ein Beweis für die intime Bindung zwischen Fotograf und Modell. Grindat nahm sich ein Jahr nach Yersins Tod das Leben.

Fleisch

61. **Henriette Grindat**
Schweiz, 1923 – 1986
Yersin, Studie
1972
Gelatine-Silberdruck

1965 machte das einflussreiche amerikanische Magazin *Life*
seinem Namen alle Ehre mit einer spektakulären Bilderserie
in einer Art, wie sie noch nie gesehen worden war. Aufgenommen von Lennart Nilsson, einem Medizinfotografen mit
einer Neigung zum Fotoreporter, zeigten die Fotografien
einen menschlichen Fötus in den verschiedenen Stadien der
Entwicklung im Uterus. Nilssons Bilder waren die Frucht
einer vierjährigen Forschungsarbeit mit endoskopischer
Fotografie, bei der ein Schlauch aus Fiberglas das Bild zurück
an eine Kamera außerhalb des Mutterleibes leitete. In den
nachfolgenden Jahren hat der Fotograf dieses Archiv weiter
ausgebaut und verfeinert.

Auch wenn diese Fotografien in dem Magazin im Zusammenhang wissenschaftlicher Untersuchung präsentiert
wurden, mussten sie dennoch das Gefühl für das Wunder
des Lebens und seiner Anfänge erwecken. Hier wurde nicht
nur zum ersten Mal eine entscheidende Schlüsselsituation
gezeigt, sondern die dramatische Form der Präsentation –
der Fötus in seiner komplexen Umgebung schwebend, wie
es aussah, im tiefen Raum – entzündete Gedanken über das
einzelne menschliche Wesen im Verhältnis zum Universum.
Das Weltall spielte in dieser Zeit, als die Supermächte um
seine „Eroberung" kämpften, eine große Rolle in den Köp-
fen der Menschen und das weltweite Interesse an Nilssons
Bildern reflektiert die wachsende Erregung aufgrund der
bevorstehenden Reise in das Unbekannte. Nilssons Aufnahmen hatten aber auch konkrete politische Auswirkung.
Diese winzigen Wesen, gestartet auf ihrer Flugbahn in das
Licht des Tages, waren dazu bestimmt die Diskussion um
die Abtreibung zu beeinflussen. Das ungeborene Leben
hatte ein Gesicht erhalten und diese Bilder bereicherten
auch die Debatte um den exakten Zeitpunkt des Beginns
des menschlichen Lebens.

Mikrokosmos

62.   Lennart Nilsson
Schweden, geb. 1922
Drei Monate alter menschlicher Fötus
1973
Chromogener Druck

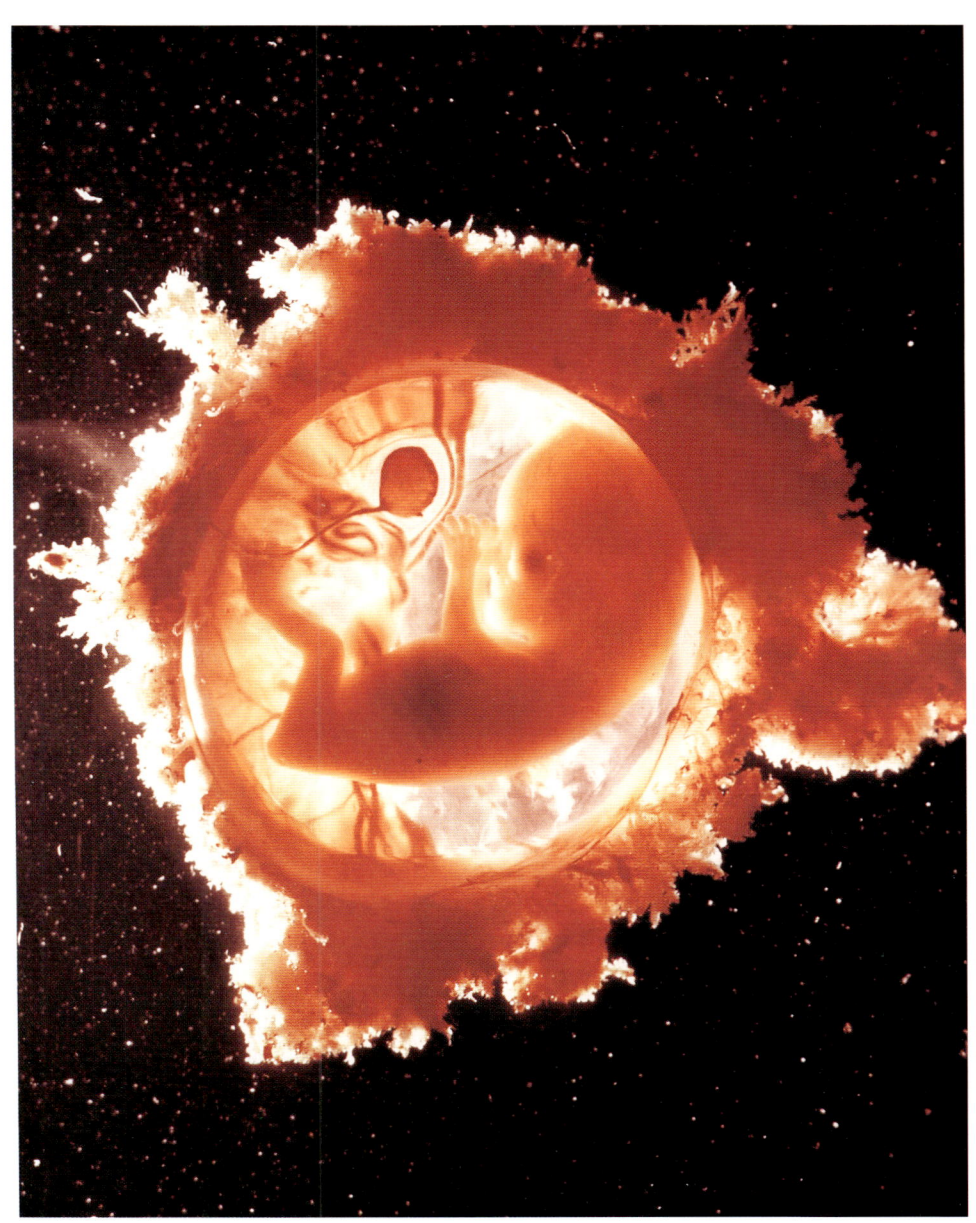

Ein alter Mann geht, zunehmend hinfällig, unerbittlich seinem Tod entgegen, und das teilnahmslose Auge der Kamera verfolgt jeden Schritt. Ein von Schmerzen durchdrungener Vorgang. Das vermittelt uns bar jeder Sentimentalität die klinische Sichtweise. Wir erkennen das in dem ruckartigen filmischen Rhythmus der einzelnen Bilder. Wir sehen das in dem angsterfüllten Gesichtsausdruck. Wenn es schon dem Betrachter schwer fällt, aus so erschreckender Nähe Zeuge des Dahinscheidens von Jacob Israel Avedon zu werden, können wir es uns kaum ausmalen, wie sich sein Sohn, der berühmte Fotograf, gefühlt haben muss, als er durch sein Objektiv blickte und die letzten Abschnitte des väterlichen Lebensweges systematisch festhielt. Nur der Maler Ferdinand Hodler hat uns in den Bildern der letzten Reise seiner Geliebten Valentine Godé-Darel, die an Krebs zugrunde ging, Vergleichbares hinterlassen. Die ehrlichen Porträts von Avedon markieren einen subtilen Richtungswechsel in der Fotografie des 20. Jahrhunderts. Immer weniger Fotografen begnügen sich damit, Jugend und makelloses Fleisch zu idealisieren; immer mehr richten ihre Aufmerksamkeit auf die traurige Realität des Alters und der Vergänglichkeit.

Der Anblick

63. **Richard Avedon**
(Amerika, geb. 1923)
Jacob Israel Avedon, Sarasota, Florida
1969 – 1973
Gelatine-Silberdruck

Die 60er- und 70er-Jahre des 20. Jahrhunderts waren in den westlichen Gesellschaften eine Zeit der Revolten und der Gewalt. Die Künstler konnten sich dieser inneren Unruhen nicht entziehen, sie wollten es auch nicht. Unter denjenigen, die sich der Herausforderung stellten, die Gesellschaft in fundamentaler Weise zu kritisieren, haben die Künstler, die den eigenen Körper benutzten, um ihre Ideen auszudrücken, in der Kunstgeschichte des 20. Jahrhunderts (und durchaus auch in dem größeren Zusammenhang der politischen Zeitgeschichte) ein deutliches Zeichen hinterlassen. Die „Body Artists", wie sie allgemein genannt werden, fühlten sich genötigt, extreme Methoden anzuwenden: Peitschen, Geißeln und Verstümmeln des Fleisches; sich einzusperren, sich von jeglicher lebenserhaltenden Versorgung abzuschneiden und das Leben zu riskieren, indem das Publikum aufgefordert wurde, auf die Provokationen hart zu reagieren. Die schädlichen Folgen konnten echt oder auch nur simuliert sein. Zum Teil war diese Auseinandersetzung der Kampf um ein radikales Umdenken der Idee des „Körpers", zum Teil der Kampf gegen die Mächte in der Welt der Kunst, die dazu geführt hatten, dass die Kunst von den Kräften des Marktes dominiert oder gar vollends beherrscht wurden. Das eigene Fleisch des Künstlers ersetzte Leinwand und Stein.

Chris Burden war einer der ersten und radikalsten unter den Performance-Künstlern. War er nicht über mit gesplittertem Glas bedeckten Boden gekrochen? Hatte er nicht in einen Leinensack verpackt auf einer viel befahrenen Straße gelegen? Hatte er nicht sich selbst in den Arm geschossen? Burden entwickelte eine Dokumentationsmethode, bei der ein einziges Foto begleitet von einem knappen Text für kunstgeschichtliche Wahrnehmung genügen sollte. In *Festgenagelt* hat er sich mit einem Nagel durch jede Hand auf dem Dach eines Volkswagens kreuzigen lassen. Der Motor läuft laut genug, um seine Schreie zu übertönen. Eine Selbstaufopferung auf dem Altar der Konsumgesellschaft? Ironischerweise zog der Kunstmarkt Profit aus Burdens Schmerzen. Die von ihm benutzten Nägel sollen kurz danach von einer Galerie in New York verkauft worden sein.

Ausdruck

64.   **Chris Burden**
               Amerika, geb. 1946
               Festgenagelt
               1974
               Gelatine-Silberdruck

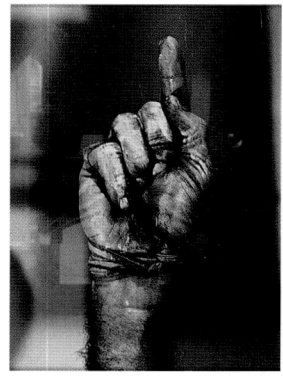  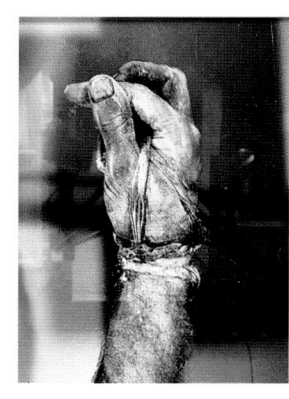  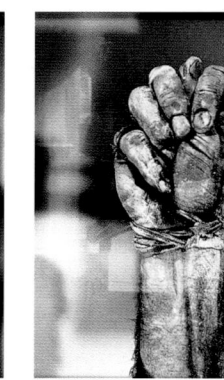

Mit der Hand kann eine Reihe von Zeichen signalisiert werden. Appelts Titel entnehmen wir, dass hier nach der Methode der Massai von eins bis zehn gezählt wird. Die Logik dieses Systems ist einfach zu verstehen, und wir können nur bewundern, wie elegant und ökonomisch es ist. Überzogen von Farbe, Ocker oder Erde und mumienähnlich umwickelt, erscheint die Hand, als habe sie gerade den Boden durchbrochen, um ihre Informationen weiterzugeben. Man kann sich förmlich vorstellen, wie eine solche Hand, Jahrtausende alt, ihren farbigen Abdruck auf der Oberfläche eines australischen Felsens hinterlässt. Appelts Ziel ist aber keineswegs der nostalgische Blick zurück auf eine weit zurückliegende menschliche Vergangenheit. Die genaue Betrachtung des Hintergrundes zeigt, dass diese Hand tatsächlich in zeitgenössischen Räumen eines Ateliers beheimatet ist. Es ist die eigene Hand des Künstlers, die wir auf diesem Foto sehen, so wie auch sonst der Körper des Künstlers, in Gänze oder in Teilen, der Hauptdarsteller in all seinen Arbeiten ist. Hier suggeriert Appelt mit Hilfe der tiefen Metapher des Sediments, wie unsäglich weit zurück, gemessen in geologischen Zeiträumen, die Ursprünge der menschlichen Kommunikation liegen, untrennbar verbunden mit dem Staub, aus dem der Körper entstammt und zu dem er zurückkehren wird.

Ausdruck

65.

Dieter Appelt

Deutschland, geb. 1935

Zahlensystem der Massai

1977

Gelatine-Silberdruck

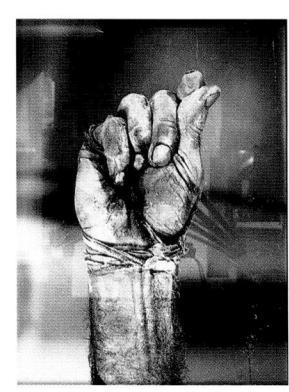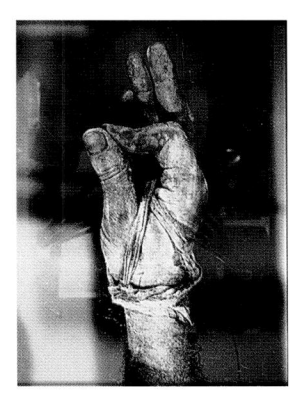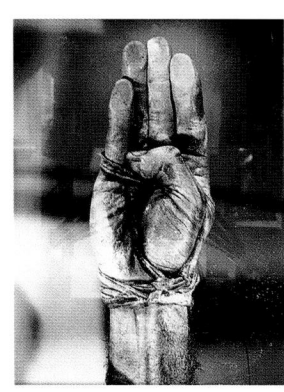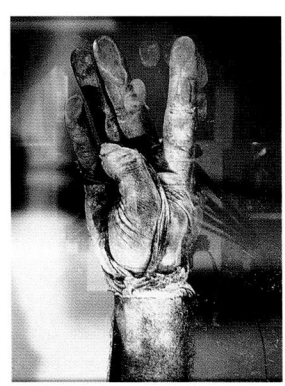

Leonard Freed ist ein produktiver und ständig umherzie-
hender Fotojournalist, der häufig komplexe Themen wie
Gewalttätigkeit und Rassismus aufgegriffen hat. Wie viele
seiner geschätzten Kollegen aus der kooperativen Agentur
Magnum glaubt Freed daran, es sei eine wichtige Aufgabe,
das Publikum über soziale Ungerechtigkeiten aufzuklären.
1980 veröffentlichte er *Police Work*, das die Aktivitäten der
New Yorker Polizei mit einem leidenschaftslosen Blick auf
das gewalttätige Verhalten auf beiden Seiten des Gesetzes
dokumentierte und die gesellschaftlichen Institutionen der
Macht implizit in Frage stellte.

Dieses Bild zeigt einen jungen Mann in Handschellen auf
der hinteren Sitzbank eines Polizeiautos. Es ist ein komplexes Bild und ermöglicht mehrfache Interpretationen. Wir
wissen, dass ein erwachsener Mann festgenommen wurde,
aber weder seinen Namen noch warum ihm Handschellen
angelegt wurden. Ein schweres Verbrechen, eine relativ un-
bedeutende Ruhestörung? Der Körper des Mannes suggeriert etwas von Letzterer: eine heiße Sommernacht, auf-
brausende Temperamente, vielleicht ein Kampf ... Wie auch
immer die Tatsachen sein mögen (und wir wissen, selbst
Augenzeugen können einander widersprechende Angaben
machen), wir sind beeindruckt von der Eloquenz der Form:
Wären da nicht die Handschellen, könnten wir das Bild für
einen schön modellierten urbanen Akt halten. Das ist die
Paradoxie von Fotografien, deren Aussage wir oft nicht
mehr erfassen können, wenn wir versuchen, sie zu genau
zu kategorisieren.

Schmerz

66.   **Leonard Freed**
             Amerika, geb. 1929
             Im Polizeiauto
             1978
             Gelatine-Silberdruck

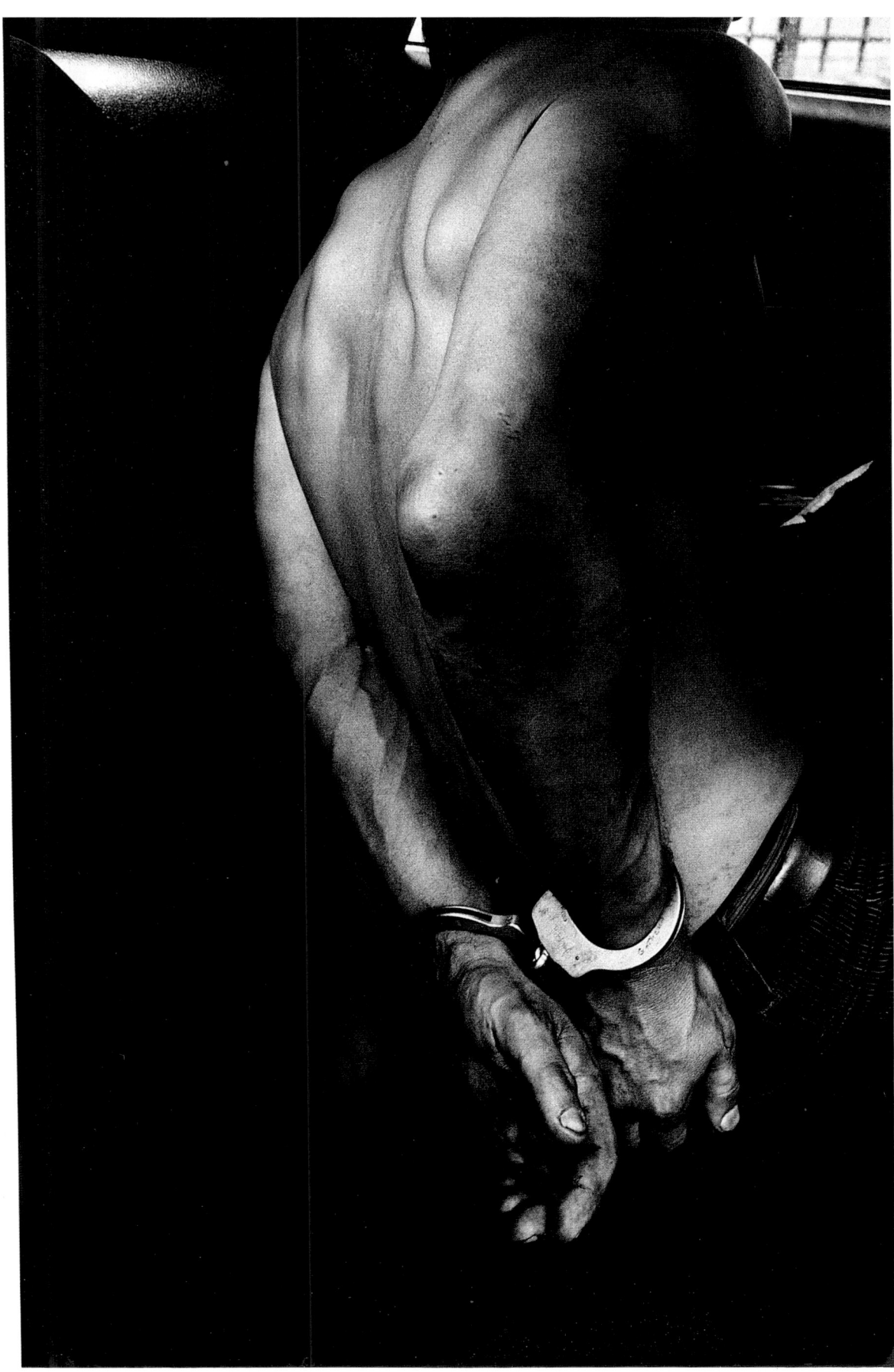

Schon bevor Tätowierungen in den 90er-Jahren des 20. Jahrhunderts unter jungen Leuten in Mode kamen, hatten sie eine lange Tradition in der Dekoration des Körpers. Sie haben oft die Funktion, die Zugehörigkeit zu einer bestimmten Gruppe anzuzeigen, zu Subkulturen, die sich von der Mehrheit der Gesellschaft absetzen, sei es aus Überzeugung, Lebensgefühl oder weil sie ausgegrenzt werden. Die Tätowierung war schon immer unter den Seeleuten besonders beliebt, aber auch die Homosexuellen haben diese sehr ausdrucksvolle Körpersprache, manchmal auch von Piercings begleitet, als eine Form des Widerstandes gegen ihre gesellschaftliche Marginalisierung benutzt. Charles Gatewoods Bild des stolz geschmückten *Seemann Sid* beschwört die nächtliche Welt der privaten Klubs herauf, in denen Exzesse und Ausschweifungen gefeiert und gefördert werden. Der amerikanische Seemann Sid, von Tätowierungen und Piercings völlig begeistert, vermochte sogar einen Metalldetektor am Flughafen auszulösen. Gatewood war schon lange vom abweichenden Verhalten und dem Grotesken fasziniert. Sein Interesse fand 1979 Ausdruck in dem Buch *Pushing Ink: The Fine Art of Tattooing.*

Ausdruck

67. **Charles Gatewood**
Amerika, geb. 1942
Seemann Sid
1978
Gelatine-Silberdruck

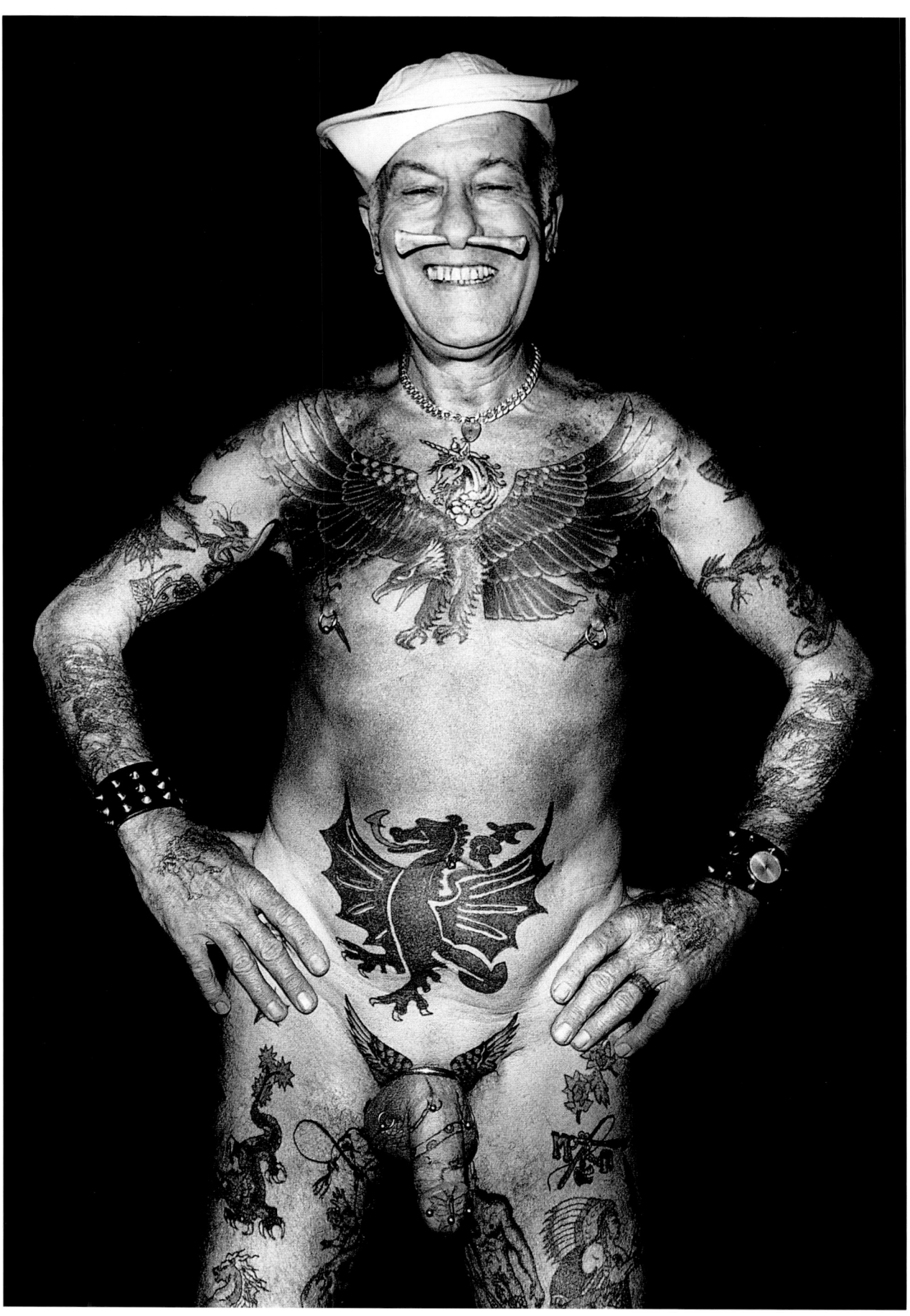

Transvestiten sind Reisende zwischen den Körpern, deren Aussehen und Geschlecht sie je nach Lust und Laune verändern. Der Transvestit versucht jedoch nicht das andere Geschlecht unbedingt perfekt zu imitieren. Die Verwandlung ist eher ein Akt, der die maskulinen oder femininen äußeren Merkmale in einer deutlich theatralischen Weise manipuliert. Die Unterschiede zwischen Männern und Frauen sind weitaus weniger auszumachen, als die meisten von uns zugeben wollen (wir alle wissen jedoch, wie leicht man sich im Geschlecht irrt, wenn man das von weitem allein an den Haaren festzumachen sucht). Der Transvestit spielt mit dieser subtilen Zweideutigkeit. Das Gesicht, *par exellence* der Sitz der menschlichen Individualität, wird von seinen konventionellen, das heißt vorgegebenen sexuellen Charakterzügen befreit und zu einer Maske hochstilisiert. Andy Warhol, seiner Natur nach ein Showman und Schauspieler, offeriert in diesem Selbstporträt eine weitere Variante seines chamäleonartigen Selbstbildes. Mit Geschick für Provokationen und seiner Faszination für die Verwandlung der Identität und die Art und Weise ihrer Präsentation posiert er mit Perücke und vollem Make-up vor der Linse. Wie bei anderen Vertretern der Pop-Art beruhen viele Abbildungen Warhols auf Fotografien von glamourösen Schauspielerinnen aus Zeitungen und Zeitschriften. Im großen Hollywood-Stil gekleidet, benutzt er dennoch eine einfache, unprätentiöse Kamera, um ein imitiertes Porträt zu schaffen. Der Gebrauch der Polaroidkamera ist kein Zufall. Mit dem sofortigen Ergebnis entspricht sie perfekt der Warholschen Weltsicht.

Ausdruck

68.

Andy Warhol
Amerika, 1928–1987
Selbstporträt im Fummel
1979
Polaroidabzug

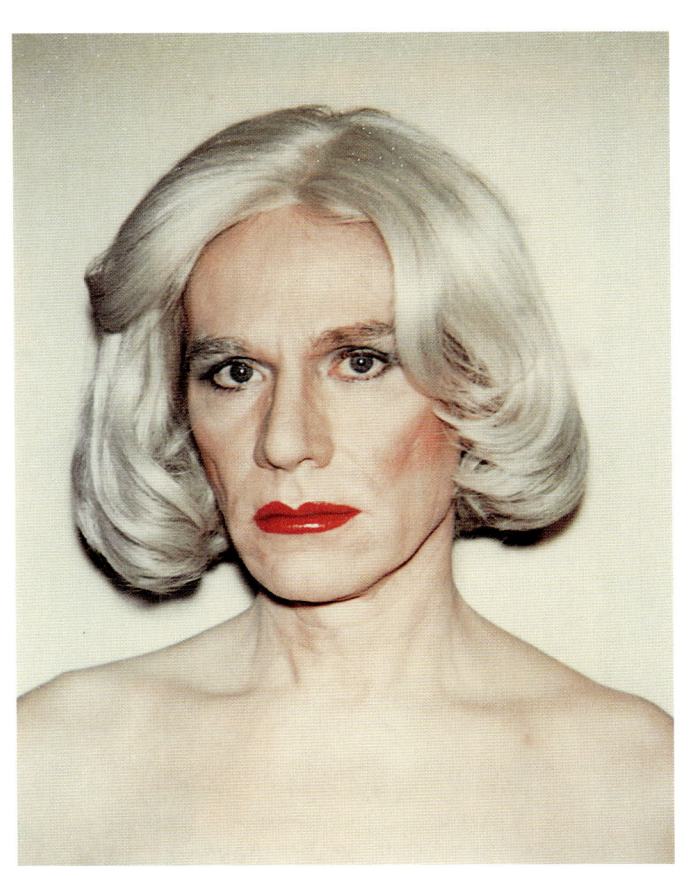

Was könnte in der visuellen Sprache der Verführung ein größeres Klischee sein als eine halb ausgezogene junge Frau in einer lasziven zurückgelehnten Pose? Eine *femme fatale* dargestellt als Gefangene ebenso sehr des eigenen Blicks als auch der zahllosen unsichtbaren Beobachter. Sie ist nichts als nur ein Bild, das lediglich in den Augen dieser Voyeure existiert. Cindy Sherman startete mit diesen *Filmstandbildern ohne Titel* (die Filme dazu existieren nur in der Vorstellung der Künstlerin) eine spektakuläre Künstlerkarriere. Sie hat erkannt, wie effektiv und in der Tat unauslöschlich die Fotografie – in ihrem weitesten Sinne sowohl als stehendes als auch als laufendes Bild – eine Reihe bestimmter weiblicher Archetypen in das öffentliche Bewusstsein eingegraben hat: den Vamp, das Mädchen, das aus einer kleinen Stadt davonläuft, das Filmstarlet, das Heimchen am Herd und so weiter. Mit der Darstellung stereotyper Rollen, in denen Sherman die Kleidung, die Posen und die Gesten nachahmt und ihre alter egos jeweils in ein glaubwürdiges Setting platziert, erreicht sie zwei Ziele. Zum Ersten eine beißende Kritik an den konventionellen Darstellungsweisen, indem sie demonstriert, dass die der Weiblichkeit zugeschriebenen Attribute wie Attraktivität, Schönheit und Ähnliches fundamentale kulturelle Konstrukte sind. Zum Zweiten eine Warnung vor den ungeheuer verführerischen Kräften des Films, die „unseren immensen kollektiven Narzissmus", wie Jean Baudrillard es genannt hat, am Leben erhalten.

Fiktion

69. **Cindy Sherman**
Amerika, geb. 1954
Filmstandbild ohne Titel Nr. 34
1979
Gelatine-Silberdruck

Seit der Mitte der 60er-Jahre des 20. Jahrhunderts hat Ralph Gibson einen persönlichen, sehr lyrischen Stil fotografischer Abbildungen entwickelt, die seine alltäglichen, jedoch visuell komplexen Erfahrungen auf das Wesentliche reduzieren. Gibson zählt sich zu der Schule der Fotografie, die daran glaubt, dass eine gute Fotografie in der Welt aufgenommen, aber in der Dunkelkammer gemacht wird. Da er von der Kunst des schönen Abzugs besonders überzeugt ist, gibt er seinen Abbildungen die Zuwendung der subtilen Alchimie der Dunkelkammer. Die Seemöwe, ein Name, den Gibson diesem Bild erst unlängst gegeben hat, ist eine schöne Frucht dieser Überzeugung. Einerseits ist es ein Liebeszeichen, die Frau ist seine eigene, und es erinnert an einen intensiv erlebten Moment der Freude. Das Paar genoss gerade die letzte sonnenüberflutete Stunde eines Urlaubs nach einem schönen Mahl in dem Restaurant „Die Seemöwe". Andererseits ist es eine Gelegenheit, in der die natürlichen Gegebenheiten eine wundervolle Verbindung von geometrischen Elementen boten, die Gibson fließend in eine fotografische Syntax übertragen hat: Formen, Linien, scharfe Kontraste und subtil orchestrierte Grauschatten. Das Ganze bildet eine ansprechende abstrakte Struktur, ohne seinen Inhalt zu vernachlässigen – eine überhöhte Erinnerung eines sehr realen Augenblicks.

Form

70.

Ralph Gibson
Amerika, geb. 1939
Die Seemöwe
1980
Gelatine-Silberdruck

Als eine der Schlüsselfiguren in der Welt der Modefotografie hat Helmut Newton seit den 60er-Jahren des 20. Jahrhunderts internationale Anerkennung für seinen besonderen Stil errungen. Er zeigt Frauen wie Amazonen von einer derartig überheblichen Gleichmütigkeit und erotischen Langeweile, als ob er suggerieren wolle, ein Übermaß an Luxus und Befriedigung vermöge jede Spur von Leben zu ersticken. Newtons Modelle, die oft wie Schauspielerinnen in den Melodramen der Reichen und Berühmten posieren, betrachten die ausgesuchte Qualität der Kleider als selbstverständlich – eine natürliche Folge von Macht, Klasse und Geld. Das scheint aber nicht ein dementsprechendes Vergnügen mit sich zu bringen. *Sie kommen* verweist auf ein besonderes Motiv der Modewelt, den Laufsteg. Newton weist uns dezidiert auf das Artifizielle hin. Die Bildränder zeigen den künstlichen Hintergrund mit seinen Mechanismen und informieren uns darüber, dass wir uns im Studio befinden. Die vier Modelle schreiten martialisch in Richtung Kamera. Nackt oder angezogen, das ist für sie irrelevant. Sie sind weder stolz auf ihre geschniegelten Körper, noch davon beeindruckt. Newton scheint geahnt zu haben, dass wir uns, während wir dem 21. Jahrhundert entgegen marschierten, an die Perfektion des Körpers und seiner Materialhüllen gewöhnt haben, womöglich um den Preis eines größeren spirituellen Unbehagens.

Ikonen

71.

Helmut Newton
Australien, geb. in Deutschland, 1920
Sie kommen, Naked & Dressed, Paris
1981
Gelatine-Silberdruck

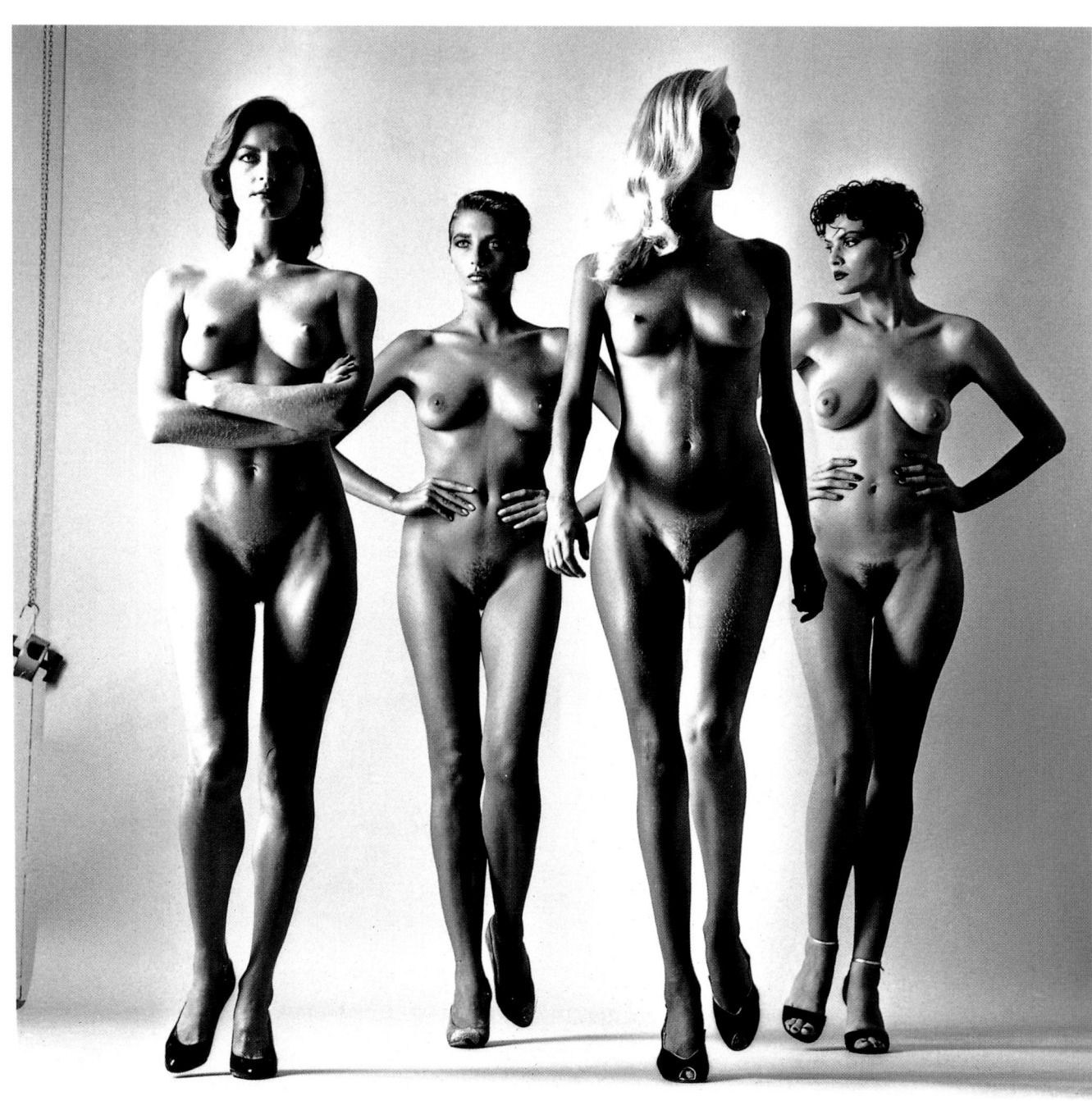

In den frühen 80er-Jahren des 20. Jahrhunderts überrollte der amerikanische Fotograf Robert Mapplethorpe mit seinem verlockenden Stil die New Yorker Kunstszene. In diesem kombinierte er eine potente Sexualität – meist, aber nicht ausschließlich homoerotisch – mit einer formalen, geometrischen Eleganz, die der großen Tradition des Aktes wie in den Arbeiten von Edward Weston und George Platt Lynes, viel zu verdanken hatte. Mit nur geringen Konzessionen an den bürgerlichen Geschmack präsentierten seine schön ausgeleuchteten männlichen und weiblichen Modelle offen ihre Genitalien. Ungeachtet der vehementen Attacken, das Etikett „Pornografie" sei entweder unbegründet, oder die Definition des Wortes müsse völlig neu gefasst werden, überzeugten die superben Kompositionen und das exquisite Modellieren der Körper die meisten Betrachter.

Mapplethorpes Genialität liegt zum Teil darin, seine oft schockierenden Themen in der eloquenten Sprache des Klassizismus auszudrücken. Diese Strategie bedeutete einen tiefen Schock, da der Klassizismus traditionell äußerst bemüht war, die Erotik zu neutralisieren.

Mapplethorpe machte viele Bilder von Lisa Lyon, der Meisterin im Body-Building, genug um eine ganzes Buch zu füllen; *Lady, Lisa Lyon* (1983). Wir spüren, diese Fotografien waren wirklich ein gemeinsames Unterfangen, in dem Lyon eine Reihe von Stereotypen, den Vamp, das Filmstarlet und andere, darstellt. Die Bilder präsentieren ihren Körper mit den kräftigen Muskeln entweder im Ganzen oder in seinen Teilen (unter den Fragmenten sind der Nabel, ein Bizeps und das Schambein). Lyon und Mapplethorpe scheinen beide der Ansicht gewesen zu sein, Lyons Körper sei ein wohlgeratenes Kunstwerk. In diesem Bild von 1982 gilt die Aufmerksamkeit des Fotografen in erster Linie den kraftvoll angespannten muskulösen Armen und Händen sowie der gerundeten Brust. Er hat jedoch auch die Konturen der Arme in ihrem Kontrast zum dunklen Stoff des Kostüms sorgfältig akzentuiert. Arme und Brüste, die rhythmisch gekurvten Teile ihres Körpers sind geometrisch ins Bild gesetzt. Der durch ihren gebeugten Arm geformte perfekte rechte Winkel wird zu dem starken dreieckigen, thronähnlichen Element hinter ihr in Kontrast gesetzt. Von Lyons Gesicht wird genug gezeigt, um ihren Stolz und ihre Zielstrebigkeit zu suggerieren, aber nicht genug, um das Auge des Betrachters von ihrem Körper abzulenken. Zugegebenermaßen hat das Ganze viel von einer Blume, dem konventionellen Symbol betörender Weiblichkeit. Das dient aber nur dazu, die sehr unkonventionelle Weiblichkeit, die hier gepriesen wird, besonders herauszustellen.

Ikonen

72.

Robert Mapplethorpe
Amerika, 1946 – 1989
Lisa Lyon
1982
Gelatine-Silberdruck

Die amerikanische Künstlerin Nancy Burson hat seit den
70er-Jahren des 20. Jahrhunderts profunde Kritik am Porträt
geübt. Burson beweist, dass man aus Fotografien, die man
nicht selbst gemacht hat, Kunst herstellen kann. Ihre Arbeiten liegen abseits der Trends, da sie eine Wegbereiterin in
der Herstellung von Porträts aus realen und fiktiven Elementen mithilfe des Computers ist. *Gefechtskopf I* ist eine solche
Arbeit, komplex sowohl in der Konzeption als auch in der
Technik. Burson begann damit, die Porträts führender Politiker der Länder zu sammeln, die Atomwaffen und damit
auch die Möglichkeit, das menschliche Leben auf der Erde
zu vernichten, besaßen: Ronald Reagan, Leonid Breschnew,
Margaret Thatcher, François Mitterand und Deng Xiaoping.
Alle „gefundenen" Porträts wurden in den Computer einge-
scannt und in der Größe einander angeglichen. Danach
wurden diese so überlagert, dass die Augen der Abgebildeten möglichst genau übereinanderlagen. Da die Umrisse
der Köpfe bestimmte Abweichungen aufwiesen, wurde ein
Durchschnitt ermittelt und die Gesichter entsprechend
verzerrt (gemorpht, wie man im heutigen Sprachgebrauch
sagen würde), um in diesen gemittelten Umriss zu passen.
(Die schmaleren Gesichter wurden letztlich gedehnt und die
breiteren gestaucht.) Danach wurden die fünf Gesichter
ein weiteres Mal überlagert. Dieses Mal wurde die Menge
der visuellen Informationen entsprechend der Zahl der den
einzelnen Politikern zur Verfügung stehenden nuklearen
Waffen gewichtet. (Bemerkenswert ist, dass die Arsenale
von Thatcher, Mitterand und Deng zusammengenommen
weniger als ein Prozent ausmachten, während die von
Reagan mit knapp 55 und die von Breschnew mit ungefähr
45 Prozent fast ausgeglichen waren.) Im Kampf um die
Vorherrschaft auf dem Bild triumphierten Breschnew und
Reagan, so wie es ihrem Horten der Massenvernichtungs-
waffen entsprach. Burson schuf ihre besondere Gattung von
Cyborgs schon Jahre bevor die Möglichkeiten der
computermanipulierten Abbildungen den Fotografen
bewusst geworden war. Ihre scharfsichtige Nutzung des
Computers wurde von einigen jüngeren Künstlern als
Modell und als Inspiration zitiert.

Politik

73.   **Nancy Burson**
               Amerika, geb. 1948
               mit David Kramlich und Richard Carling
               Gefechtskopf 1 (Computergeneriertes Kombinationsfoto)
               1982
               Gelatine-Silberdruck

Der Name Lee Friedlander wird im Allgemeinen mit einer neuartigen Herangehensweise der Fotografie assoziiert, einem Wendepunkt, der sich durch die Ausstellung „New Documents" 1967 im New Yorker Museum of Modern Art selbst bekannt machte. Obwohl sie den Begriff Dokument verwenden, sind die Arbeiten von Friedlander, Garry Winogrand und Diane Arbus' Positionen weit entfernt von der ernsten, reformorientierten Praxis, die einige Jahre später als „engagierte Fotografie" bezeichnet wurde. Die schlagzeilenträchtigen Ereignisse, welche die Fotojournalisten anlockten, und die schlimmen sozialen Verhältnisse, die die engagierten Dokumentarfotografen anzogen, waren für Friedlander und seine Freunde völlig uninteressant. Sie hatten kein Verlangen, die Welt so zu sehen, wie sie war, ohne ein Minimum an Vorurteilen. Ihr „Objekt" war immer die fotografische Vision an sich. Friedlander hat ein Œuvre von großer Fülle geschaffen, in dem das Motiv des menschlichen Körpers im Kontext von Stadtlandschaften, Arbeitssituationen, Porträts und natürlich auch als Akt erscheint. Es versteht sich von selbst, dass Friedlanders „Körpersprache" beobachtend, leidenschaftslos und originell ist. Selbstporträts, die sowohl den Körper als auch das Gesicht umfassen, sind typisch für seine Produktion. Keines jedoch ist ungewöhnlicher und geistreicher als das hier gezeigte, auf dem der fast vollständige Schatten des Fotografen zu einem eigenständigen Körper mit Haaren aus Gras sowie inneren Organen und Gewebe aus Erde und Steinen wird.

Ausdruck

74. **Lee Friedlander**
Amerika, geb. 1934
Chelly-Canyon, Arizona
1983
Gelatine-Silberdruck

Diese Aufnahme wurde gemacht, um zu illustrieren, wie die Arterien und Venen die Herzmuskulatur mit Blut versorgen. Die Herstellung dieses Bildes erforderte ein zeitaufwendiges und kompliziertes Verfahren. Zuerst wurde in die Blutgefäße, die direkt unter der Oberfläche des Herzens verlaufen, gefärbte Gelatine injiziert, sodass man selbst die kleinsten Kapillargefäße erkennen kann, die dieses wunderbare arterielle Netzwerk bilden. Anschließend wurde das Herz durch Eintauchen in eine alkoholische Lösung gereinigt und dehydriert. Dieser Vorgang wurde mehrfach wiederholt und das Organ in immer stärkere Alkohollösungen getaucht. Danach wurde das Herz in eine reinigende Lösung gelegt, welche die Oberfläche bis in eine Tiefe von ein bis zwei Millimetern transparent und so die Blutbahnen sichtbar machte. Mit laienhaftem Blick betrachtet, wirkt das wie das Reflektieren von Zweigen auf dem Wasserspiegel eines Teiches oder Geäst, gesehen aus der Tiefe eines Brunnens. Wissenschaftliche Aufnahmen des Körpers erinnern uns oft an andere Aspekte der realen Welt, ganz besonders an Landschaften, und können, indem sie so die Kluft zwischen Wissenschaft und Kunst überbrücken, unsere Faszination für die phänomenale Komplexität des menschlichen Wesens nur noch verstärken.

Forschung

75.   **Unbekannter Fotograf**
Das Herz mit sichtbar gemachten Arterien und Venen
1983
Gelatine-Silberdruck

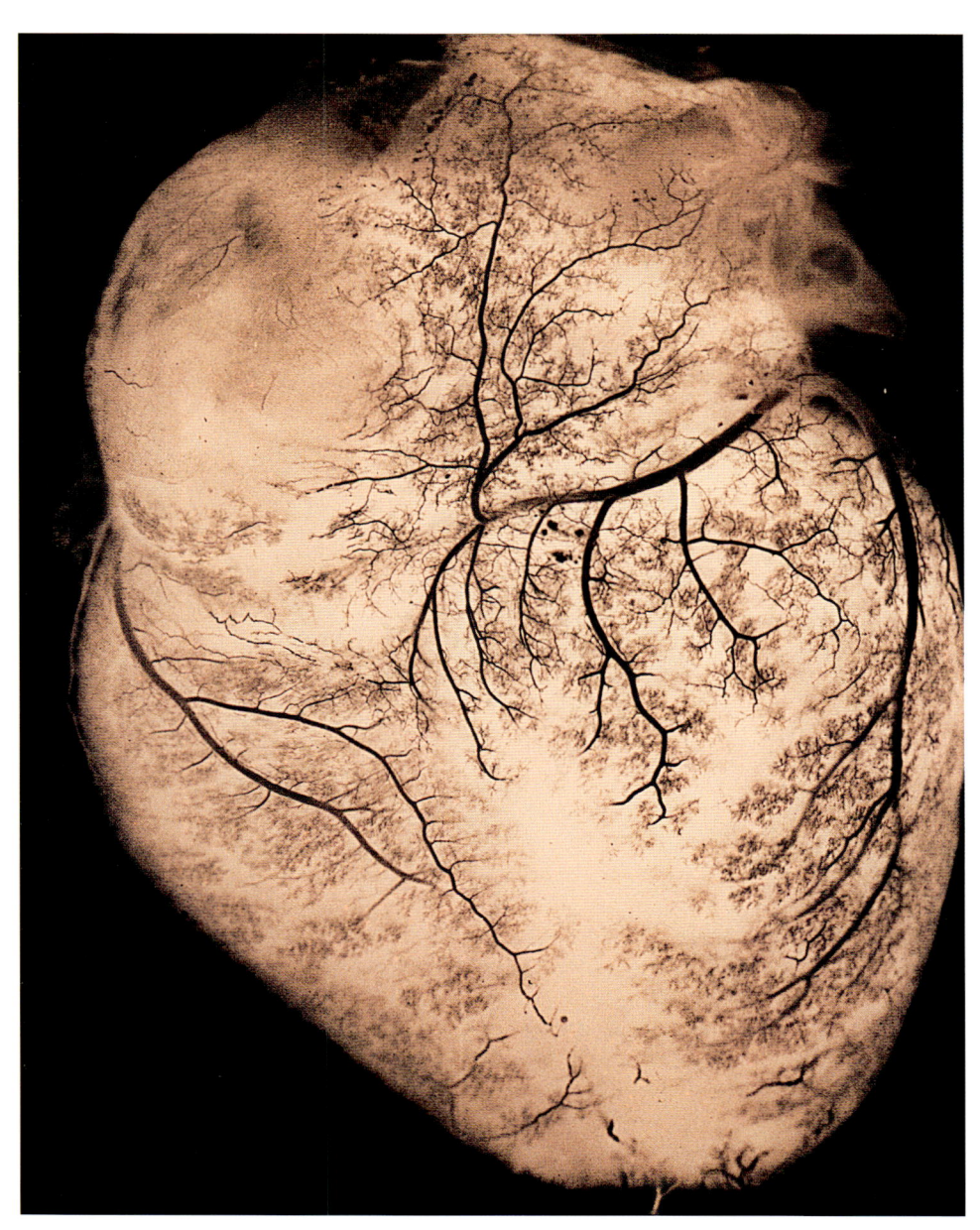

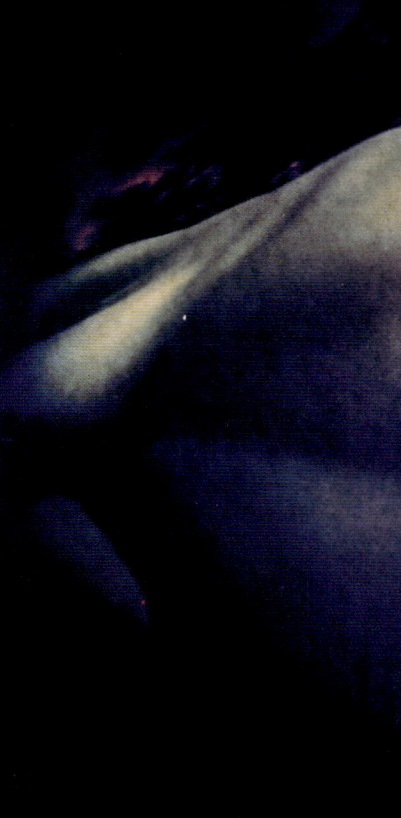

Ilan Wolf ist begeistert von der Lochkamera, einem ganz
einfachen fotografischen Apparat, dessen Prinzip schon in
der Antike bekannt war. Bohrt man ein kleines Loch in die
Wand eines dunklen Raumes, so wird an seine Wand ein auf
dem Kopf stehendes, seitenverkehrtes Bild der Welt im Tageslicht projiziert. Das gleiche Ergebnis kann man erzielen,
wenn man einen lichtundurchlässigen Kasten benutzt und
dann das Bild auf einem Stück Film festhält, das man an der
Rückwand befestigt hat. Da diese Vorrichtung ohne Linse
funktioniert, ist das Bild relativ verschwommen und verzerrt. In der Hand eines Künstlers sind die eingeschränkten
Möglichkeiten der Lochkamera eine Quelle kreativer Transformation. Bei dem hier gezeigten Akt verflacht der Körper
und wird transformiert in eine flache, schneckenförmige
Form, die sich in sich selbst aufzurollen scheint.

Form

76.   Ilan Wolf
             Israel, geb. 1955
             Akt
             1984
             Chromogener Druck.
             Nach einem Bild aus einer Camera obscura

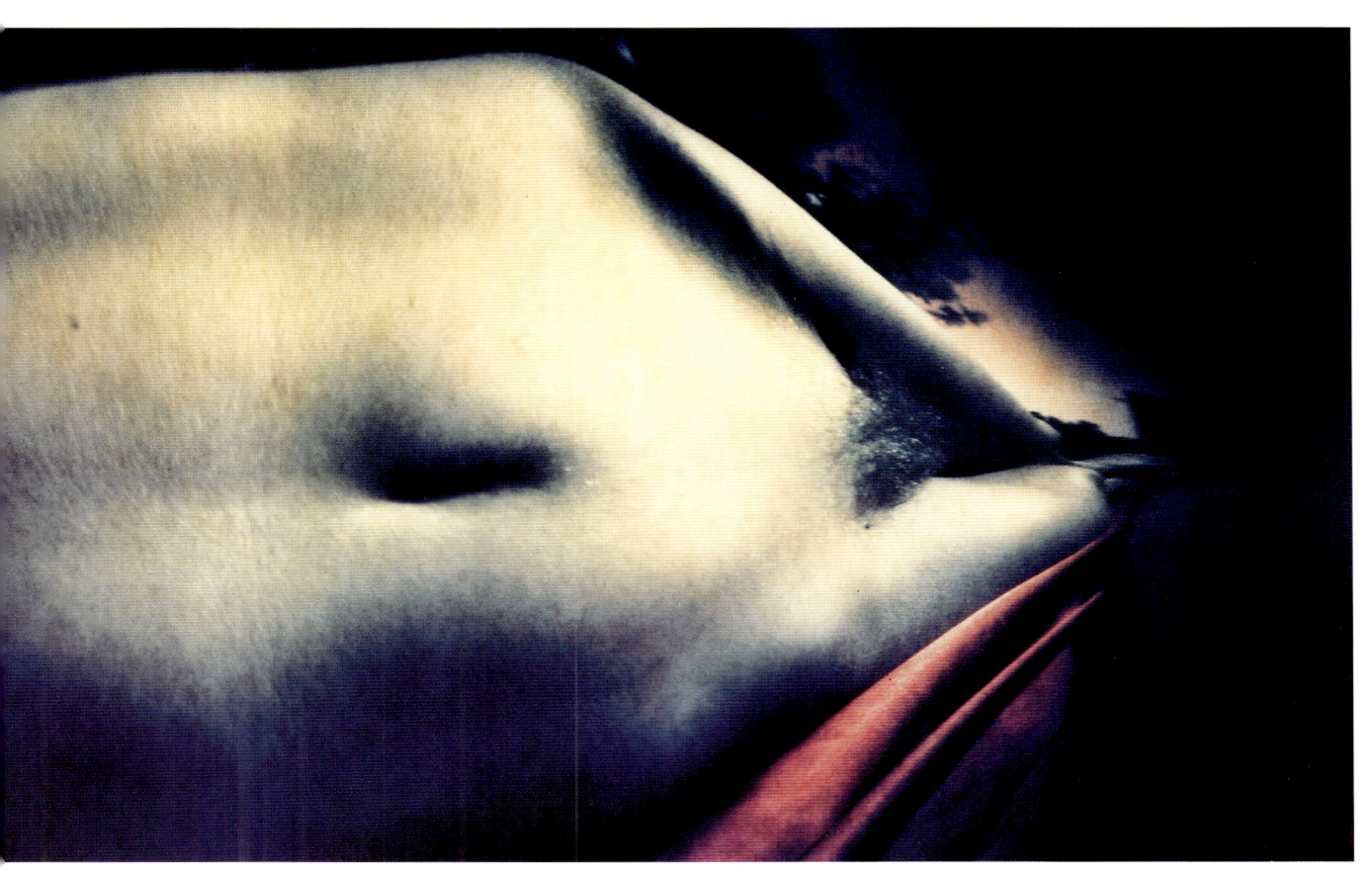

„Die Verschiedenheit und Fülle der Pathologie ebenso wie der Ausdruck, den die Patienten ausstrahlten, beeindruckte mich unmittelbar. Das alles korrespondierte perfekt mit meiner Überzeugung, dass die Illustration von Krankheiten auch das dazugehörige Leid umfassen sollte." So beschreibt Miguel Ribeiro seine Motive, wie er als junger Arzt und gleichzeitig Amateurfotograf in einem Krankenhaus in Südafrika eintraf. Der 28-jährige Portugiese, ein Spezialist für tropische Krankheiten, musste zunächst das Misstrauen der Afrikaner in der Verwaltung des Kalafong-Hospitals überwinden, aber auch das einiger Kollegen. Die Apartheid befand sich 1980 unter starkem Druck und ein frisch eingetroffener Ausländer, der mit einer Kamera die Korridore und Krankensäle durchstreifte, war besonders suspekt, seit Ton- und Bilddokumente aus dem Krankenhaus außerhalb Südafrikas dazu verwendet worden waren, das Regime zu kritisieren.

Ribeiros Bestimmung, seiner Fotografie nachzugehen, schaffte es allmählich den Widerstand zu brechen, insbesondere da er seine Bilder bereitwillig der Dia-Sammlung des Krankenhauses zur Verfügung stellte. Beinahe ein Jahrzehnt, bis er 1989 das Krankenhaus verließ, um anderswo zu arbeiten, und die Fotografie aufgab, richtete er seine Kamera auf all die Krankheiten und Leiden, die ihn umgaben. Sie waren in seinen Worten, „ungewöhnlich, unspezifisch, unbeinflusst von Therapien und unzureichend dokumentiert" (damit meinte er das Fehlen von fotografischen Nachweisen). Manchmal waren die Dinge, die er registrierte, die Folge von Unfällen, Gewalttätigkeiten oder Selbstverstümmelung. Ribeiros Werk ist unter konzeptionellen, technischen und ästhetischen Gesichtspunkten außergewöhnlich und beinhaltet wohl die bedeutendsten medizinischen Dokumente des späten 20. Jahrhunderts. Auch wenn die Bilder in ihrer Herangehensweise notgedrungen klinisch sind, schaffen sie es dennoch, subtil und überzeugend ein Gefühl für die physischen und psychischen Qualen, unter denen die Patienten litten, zu vermitteln. Die hier abgebildete Studie zeigt in dem geneigten Kopf der Frau unsagbare Schmerzen.

Schmerz

77.

Miguel Ribeiro
Portugal, geb. 1952
Verprügelte Frau
1986
Gelatine-Silberdruck

Federn, Blumenblätter, Muscheln, Tierfelle, menschliche
Haut ... Balthasar Burkhard ist fasziniert von den sensiblen
Oberflächen lebender Organismen, die diese vor der äußeren Welt schützen. Burkhard beschäftigt sich hauptsächlich
mit der menschlichen Hülle. Bei dem Diptychon Venen
(ein Werk von monumentaler Größe mit Teilen von annä-
hernd 180 × 66 cm) kommen dem Betrachter angesichts der
Fragmente des Körpers, insbesondere Arme und Teile von
Armen, sofort andere Dinge in den Sinn: beispielsweise die
klinisch beschriebenen Pflanzen von Karl Blossfeldt, Figurinen von den Cycladen oder die dürren Beine eines Fohlens.
Auch wenn der Verstand das menschliche Element registriert, suggeriert die beeindruckende Vertikalität dennoch
eher Beine als Arme. Diese Zweideutigkeit zwingt uns zu
einer neuerlichen Betrachtung eines Körperteils, der so
fragmentiert bislang nicht zu sehen war. Plötzlich bemerken
wir seine außerordentliche Magerkeit, die verblüffenden
Unterschiede zwischen Ober- und Unterarm in der stärker
werdenden Verästelung der Blutbahnen in Richtung Hand.
Vielleicht war es diese Metapher vom Fluss, die Burkhard
Jahre später dazu inspirierte, die amerikanischen Autobahnen, diese pulsierend sich schlängelnden großen Venen
der modernen Städte, aus der Luft aufzunehmen.

Fleisch

78. **Balthasar Burkhard**
Schweiz, geb. 1944
Venen
1988–1989
Gelatine-Silberdruck

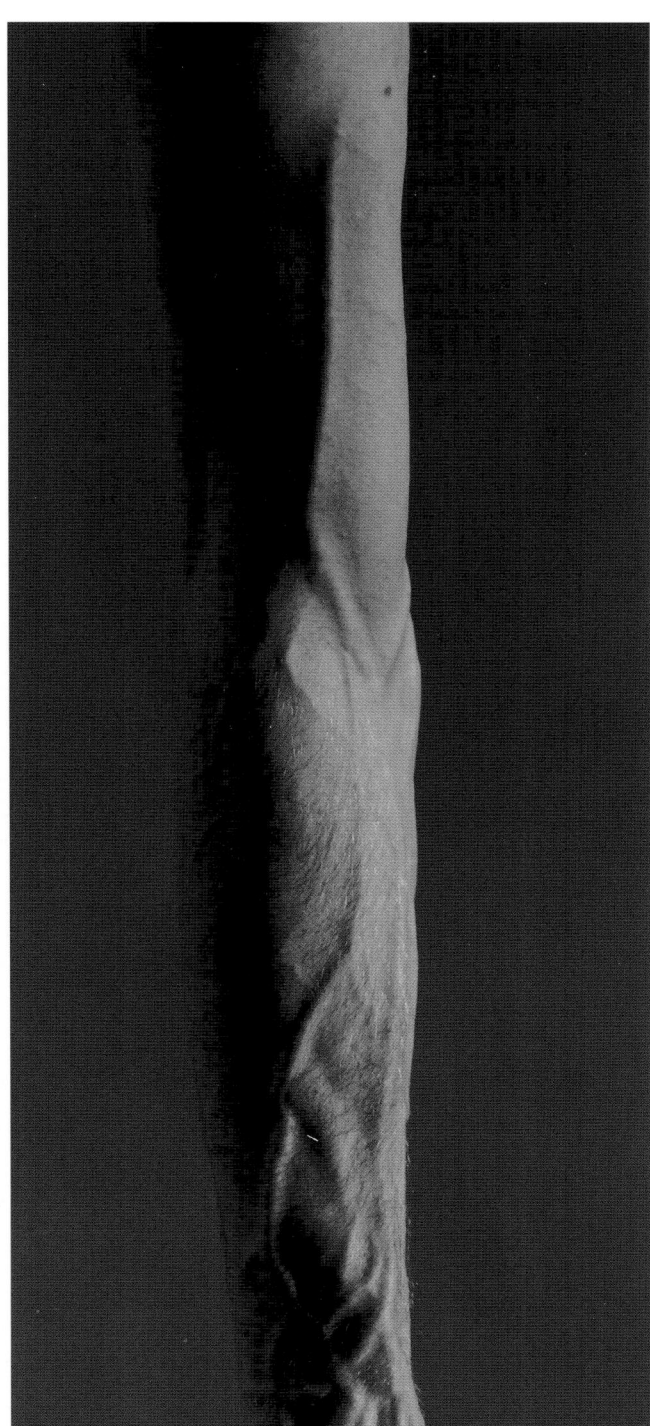

Das Thema der Arbeiten von Helen Chadwick war immer sie selbst, mit ihrem Körper als wichtigster Komponente. Eine logische Weiterentwicklung ihres Denkens, seit sie in den früher 80er-Jahren des 20. Jahrhunderts dem grundlegenden Baustein ihres Körpers, der Zelle, von Angesicht zu Angesicht begegnete. In einer Serie von fünf *Viralen Landschaften* präsentierte sie ihr zellulares Sein, geschreckt durch einen besonders gefährlichen Eindringling: den Virus, der sich in das genetische Material einnistet, um sich selber zu vermehren. Wir sehen etwas, was uns wie ein elektronisches Bild eines Virus im Blut anmutet, gefolgt von seinem Ausbruch in die Außenwelt, wo er makroskopische Ausmaße annimmt und wie eine riesige zerstörerische Welle über eine felsige Küstenlinie brandet. Chadwick war sich ihres inneren Körpers in einer Weise bewusst, wie es für Künstler 50 Jahre zuvor unvorstellbar gewesen war. Sie konnte die äußere Welt nicht mehr länger ohne das Wissen um den Tumult in ihrem Inneren betrachten.

Ausdruck

79.   **Helen Chadwick**
England, 1953 – 1996
Virale Landschaft Nr. 3
1988 – 1989
Computer-edierter Cibachromeabzug

Seit den 70er-Jahren des 20. Jahrhunderts hat sich Arno Rafael Minkkinen einem ganz besonderen Genre gewidmet, das mit dem Begriff „Selbstporträt" nur teilweise umschrieben werden kann. Ein Selbstporträt befasst sich traditionell mit dem Gesicht, denn nach einer althergebrachten Annahme spiegelt das Gesicht die Aspekte der Persönlichkeit und des Charakters wider, also das, was wir heute gemeinhin unter Identität verstehen. Minkkinen bevorzugt als Ausgangspunkt seinen schlanken asketischen Körper. Er fragmentiert ihn einfallsreich und bringt ihn in natürliche Umgebungen, die an seine finnische Heimat erinnern. Minkkinen studierte Fotografie an der Rhode Island School of Design und wurde von den poetischen Visionen seiner Lehrer Aaron Siskind und Harry Callahan stark beeinflusst. Das gilt besonders für deren Auffassung, man könne durch sorgfältige Beobachtung der physischen Welt die Wahrheit über sie enthüllen. Er inszeniert als Regisseur, Kameramann und Schauspieler in einem seinen Körper auf eine Art und Weise, die an andere Lebewesen oder leblose Objekte erinnert. Diese eigentümlichen Formen können wie eine Wolkenbank in den Lüften schweben, wie ein knorriger Baumstumpf aus einem Teich hervorragen, wie ein Ast geräuschlos einen Fluss hinuntertreiben oder mit der Behändigkeit einer Wasserspinne über einen See gleiten. Reflektionen und Schatten helfen Minkkinen dabei, seinen Körper nahtlos in die Natur einzuweben und den Betrachter noch weiter zu verwirren. Entgegen dem Eindruck, den sie vermitteln, gibt es in den Arbeiten von Minkkinen keine Doppelbelichtungen oder Dunkelkammertricks: Teils Schlangenmensch, teils Tänzer, teils Schamane ist er mit dem ausdrucksvollen Potenzial seines geschmeidigen Körpers der Inhalt.

Ausdruck

80. **Arno Rafael Minkkinen**
Amerika, geb. in Finnland, 1945
Selbstporträt, Fosters Pond
1989
Gelatine-Silberdruck

Gérard Lüthi hat für seine Kamera ein zentrales Thema entdeckt – nahe seinem Zuhause und nahe seinem Herzen:
seinen Vater und seinen Sohn. Bar jeglicher Sentimentalität,
des Elends der Familienschnappschüsse und kommerziellen
Grußkarten, hat er eine bewegende Serie von Bildern produziert, in denen Liebe und Zuneigung sowie die Weitergabe
der Fackel von Generation zu Generation durch die Sprache
des Körpers ausgedrückt werden. Mit der Entscheidung,
die Gesichter wegzulassen, verstößt Lüthi gegen eines der
fundamentalen Prinzipien des klassischen Porträtierens.
Dennoch schafft er nichtsdestoweniger anrührende und sehr
individualisierte Studien von zwei ihm nahestehenden
Menschen. Die Gegensätze in diesem Bild sind das, was ihm
Kraft verleiht. Als Erstes die Größe der beiden Figuren:
Die mächtige Gestalt des älteren Lüthi, dessen Arme in einer
schützenden und behütenden Geste sanft die winzige
Form des Kindes halten. Als Zweites die Haut, die den Lauf
der Zeit sichtbar macht. Die wettergegerbte Haut mit den
hervortretenden Venen des Körpers des Großvaters, die uns
an einen uralten Baum erinnern, im Kontrast zu der sanften,
pfirsichweichen Haut seines Enkels – ein leeres Blatt, auf das
die Erfahrungen eines Lebens noch geschrieben werden
müssen.

Fleisch

81.   **Gérard Lüthi**
Schweiz, geb. 1957
Aus der Serie *Le Temps résoncilié*
1989 – 1990
Gelatine-Silberdruck

Wir sind nicht daran gewöhnt, die Medizinfotografie und ganz besonders Aufnahmen von chirurgischen Operationen unter ästhetischen Gesichtspunkten zu sehen. Ist eine solche Betrachtungsweise bei dem Schrecken, zumindest aber Unbehagen, den der Gedanke an Eingriffe in den menschlichen Körper bei den meisten von uns hervorruft, überhaupt möglich oder gar erstrebenswert?

Auch wenn dieses Bild beim Laien den Eindruck eines außerordentlich komplizierten Vorgangs hervorruft, sind wir hier tatsächlich Zeugen einer routinemäßigen Star-Operation. Der Graue Star ist eine Trübung der Augenlinse, bei der die Linse entfernt und durch eine Kunststofflinse ersetzt wird. Der Patient wird lokal betäubt und ist während des gesamten Eingriffs bei vollem Bewusstsein. Eine Vorrichtung aus Metall hält das Auge geöffnet und ermöglicht so die Arbeit des Chirurgen. Auf den uneingeweihten Betrachter wirkt sie so unangenehm wie ein Folterwerkzeug und wir können uns dem extremen Kontrast zwischen dem weichen, blutenden menschlichen Fleisch und dem harten, glänzenden Instrument kaum entziehen. Unser Unbehagen wird dadurch noch weiter gesteigert, dass der Rest des Gesichts mit schützenden Tüchern abgedeckt und daher nicht zu sehen ist.

Das Licht fokussiert unseren Blick ganz auf das Auge des Patienten, dessen Pupille beinahe unmenschlich aufgerissen ist. Deren schwarzer Hintergrund saugt den Blick förmlich nach innen und akzentuiert so die Intensität der Farben. Kurz gesagt, das Auge wird präsentiert wie ein Schmuckstück in einem Futteral. Die Öffentlichkeit hat nur selten die Möglichkeit derartige Bilder zu sehen, weil man davon ausgeht, sie erzeugen zu viel Angst. Medizinische Eingriffe sind weiterhin umgeben von Aspekten des Heiligen und des Tabus. Aguilera-Hellwegs unbezweifelbar schöne Behandlung des Themas kann wünschenswerte Folgen haben. Indem er seine Bilder dem Publikum nahe bringt, fördert er das weitere Nachdenken über die überwältigende Komplexität des Körpers und die ebenso phantastischen Fortschritte der modernen Medizin.

Forschung

82. **Max Aguilera-Hellweg**
Amerika, geb. 1956
Star-Operation. Aus der Serie *Sacred Heart*
1989 – 1997
Chromogener Druck

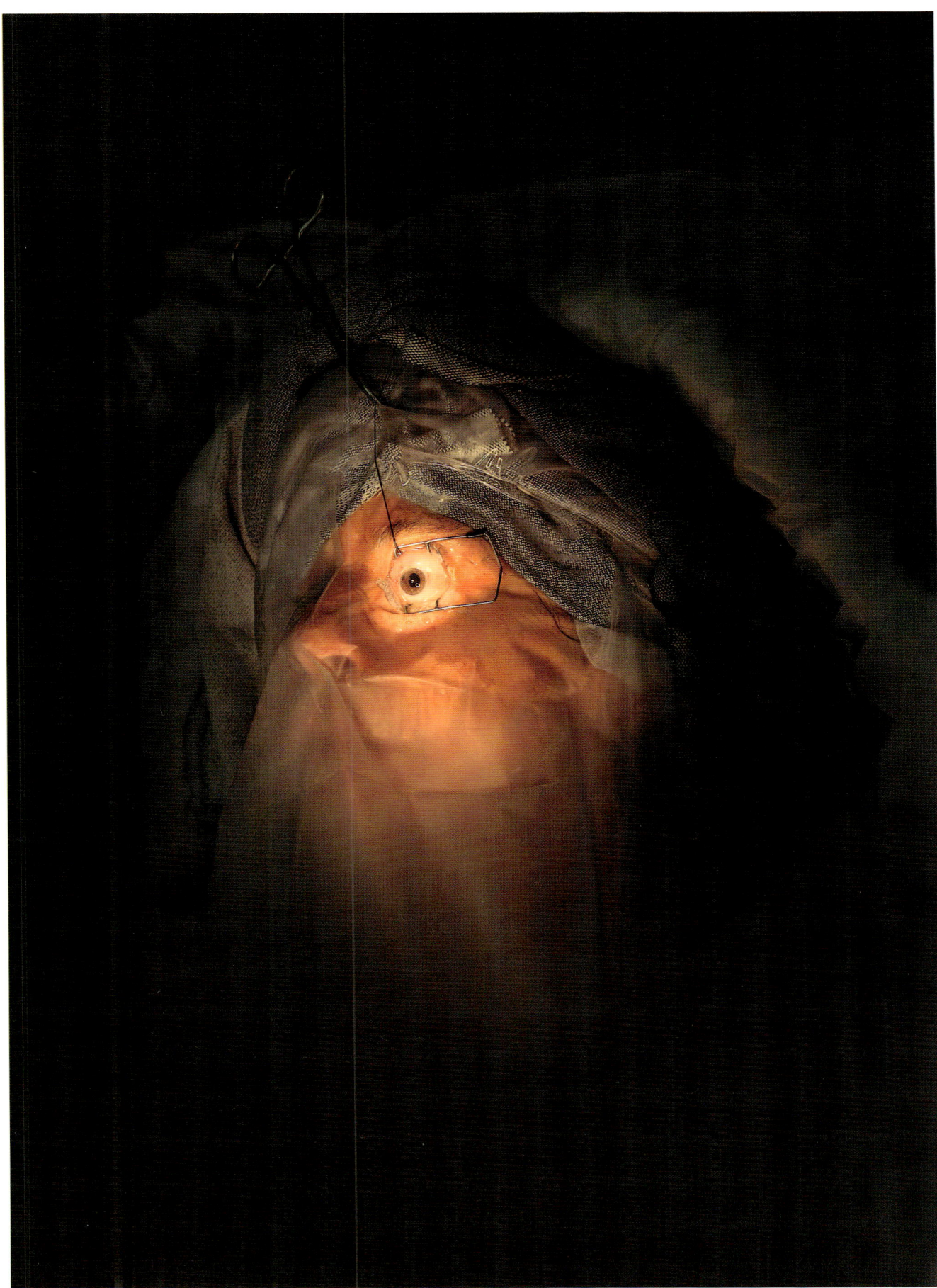

Seit ihren frühesten Tagen hat die Fotografie sich mit der Familie befasst. Im 19. Jahrhundert zogen die Familienmitglieder ihre besten Kleider an und besuchten ein Fotostudio, wo sie allein oder zusammen steif herumsaßen, während ein professioneller Fotograf die wichtigsten Momente ihres Lebens dokumentierte. Mit dem Aufkommen der preiswerten Handapparate, besonders dem von Kodak im Jahr 1888, begannen die Familien die fotografischen Riten in die eigene Hand zu nehmen. Dennoch ist es bis heute Tradition, die wichtigsten Momente einem „echten Fachmann" anzuvertrauen.

Die amerikanische Fotografin Sally Mann, Mutter von drei Kindern, befasst sich mit dem seit langem etablierten Genre der Familienfotografie. Sie sieht sich jedoch in der Tradition der künstlerischen Fotografie und nicht der überall verbreiteten „Schnappschüsse". Sally Mann ist, anders als die große Mehrheit der fotografierenden Eltern, die das Familienleben stets nur von seiner Sonnenseite zeigen, daran interessiert, die tieferen und turbulenteren Geschehnisse einzufangen, die das emotionale Leben ihrer Kinder bestimmen. Ihre Bilder schließen die Welt der Erwachsenen nicht aus. In *Heuschober* steht zweifelsohne der völlig gestreckte schlanke Körper des jungen Mädchens im Mittelpunkt des Bildes. Die grazile, strahlende Schönheit dieser Gestalt wirkt im Kontrast zu den schweren, ruhenden Körpern der Familienmitglieder oder Freunde noch viel anrührender. Anders als die Fotografin, scheinen die Erwachsenen nicht zu bemerken, was gerade vor sich geht, diese anmutige Darbietung und den Augenblick jugendlicher Ungezwungenheit.

194

Form

83. **Sally Mann**
Amerika, geb. 1951
Heuschober
1989
Gelatine-Silberdruck

Ein erkranktes, bewölktes Auge? Eine Schale? Nein, das „Porträt" eines einfachen Fingernagels, aber ohne Bezug zum Körper und von der Aufmerksamkeit profitierend, die sonst dem Gesicht vorbehalten ist. Viele Fotografen des 20. Jahrhunderts bilden den Körper in Fragmenten ab, aber wenige sind so auf das Extreme konzentriert wie der französische Fotograf Patrick Tosani. Wegen ihrer ausdrucksvollen Assoziationen sind die Hände ein verbreitetes Motiv in der Fotografie, die Fingernägel werden jedoch selten hervorgehoben. Sie gelten anscheinend von Natur aus als „nicht fotogen". Tosani macht sich daran, das zu korrigieren und richtet seine Kamera auf 21 höchst individuelle Exemplare. Indem er die Nägel dramatisch vergrößert, zwängt er sie in enge, klaustrophobische Rahmen und bringt dann diese Rahmen auf eine großzügiger dimensionierte Fläche (jedes einzelne Stück misst 120×120 cm). Tosanis Vergrößerungen ermöglichen eine fast mikroskopisch genaue Betrachtung und wir sehen die Fingernägel, wie noch nie zuvor: Eine hässliche, schmutzige Kreatur, die sich mit der Geschwindigkeit einer Schnecke durch das Fleisch schiebt. Seine unregelmäßig geriffelte Struktur weist geologische Zeichnungen seines anstrengenden Durchbruchs auf. Dieser gewalttätige Aspekt des Wachsens wirkt wie ein Schock (besonders weil er durch Tosanis knappe Rahmung beengt zu sein scheint) und erinnert uns an die ständige Anstrengung des Körpers, sich gegen die Außenwelt zu verteidigen, während er gleichzeitig von dem Menschen, zu dem er gehört, schlecht behandelt wird.

Fleisch

84. **Patrick Tosani**
Frankreich, geb. 1954
Nagel Nr. 6
1990
Cibachromeabzug

Eine Geisha, oder eine als solche stilisierte junge Frau, lehnt in nachlässiger Haltung in einer Kulisse, die den westlichen Betrachter traditionell japanisch anmutet. Sie bietet ihre sexuellen Reize dar und ihr Blick vermittelt eine unergründliche Botschaft. Ist es eine Einladung? Eine Warnung? Langeweile? Argwohn? Abscheu? In einer Hand hält sie die Fernbedienung eines Fernsehers. Es macht den Eindruck, als ob sie sich mit einem Knopfdruck dem Blick des Betrachters zu entziehen vermöge. In der Ecke hinter ihr steht eine schicke Handtasche. Sie trägt Söckchen wie ein Schulmädchen, Ausdruck eines sexuellen Fetisches, der sich in Japan einer gewissen Beliebtheit erfreut. Nobuyoshi Araki bildet eine schrille *mise-en-scène* ab, die Elemente althergebrachter Traditionen des Landes mit Ausstaffierungen aus den Bereichen der Hochtechnologie und der großen Mode, ohne nationale Bezüge, kombiniert. Das Verhalten dieser Frau hat etwas, wenn auch gebrochen, Puppenhaftes. Diese und andere Arrangements von Araki erinnern an die Fetischpuppen, die Hans Bellmer in den 30er-Jahren des 20. Jahrhunderts herstellte und fotografierte. Wie Bellmers Puppen sind Arakis weibliche Objekte häufig entblößt, verdreht und verzerrt, obwohl eine offensichtlich theatralische Behandlung des Themas eher den Eindruck eines ironischen Kommentars suggeriert als des Leidens unter Bellmerschen Obsessionen. Wie sollen wir nun dieses visuelle Spielen verstehen? Als eine respektlose Betrachtung des Mythos der Geisha oder als ein prickelndes Angebot im Zusammenhang mit der Erniedrigung des weiblichen Körpers? Einen Protest gegen die neuen „politisch korrekten" Moralvorstellungen? Oder, ganz im Gegenteil, ein heftiger Rückschlag für die Emanzipation der japanischen Frauen?

Verlangen

85.   **Nobuyoshi Araki**
Japan, geb. 1940
Ohne Titel
1991
Chromogener Druck

Wenn die Darstellung von Toten verstörend wirkt, sind die Fotografien von Gewaltopfern besonders erschreckend, insbesondere wenn die brutalen Tatsachen – „Unbekannte Tote, getötet von der Polizei" – der einzige Zusammenhang sind. Warum ist das geschehen? Wie konnte das passieren? – will der Betrachter wissen. Die moralische Empörung über das Schreckliche, das Menschen sich zufügen können, kann wegen fehlender Informationen darüber nicht hinaus gehen. Die Kraft des Bildes von Serrano beruht auf genau der Tatsache, dass er sich weigert, mehr zu sagen als: *„Darum geht es ... Schau!"*

Die großformatigen Farbbilder von Serrano (dieses Bild misst 127 × 152 cm, wenn es in gedruckter Form ausgestellt wird) haben eine beinahe barocke Ausdruckskraft. In den meisten seiner Studien entscheidet sich der Fotograf für eine extreme Zentrierung, die dem Auge kein Entrinnen gönnt. Stattdessen fesseln die Details unseren Blick: das verweste Fleisch, die Verletzungs- und Brandspuren und die Starre des Körpers. Der Zerfall des Körpers wird leidenschaftslos mit klinischer Objektivität präsentiert.

Mit der Serie *Das Leichenschauhaus* greift Serrano eines der beunruhigendsten Themen der menschlichen Existenz auf: den Tod. Jede Stadt hat ihr Leichenschauhaus, diskret den Augen der Öffentlichkeit verborgen, aber jederzeit bereit alle Ankömmlinge aufzunehmen. Für die Stadtbewohner ist der Tod einer Unbekannten ein unangenehmer Mahner an ihre eigene Sterblichkeit und, wenn sie zufällig gesehen wird, eine kurze Unterbrechung des schnell dahinströmenden Lebens. Die Gesellschaft verlangt daher eine rasche und effiziente Beseitigung der Leichen.

Serranos Leichenhallen-Bilder sind in dieser Hinsicht ein unwillkommenes Eindringen in unser Leben und der Schrecken wird noch dadurch gesteigert, wenn wir erkennen müssen, dass diese menschlichen Wesen nicht nur ihr Leben, sondern auch ihre Identität verloren haben.

Schmerz

86.   **Andres Serrano**
Amerika, geb. 1950
Das Leichenschauhaus
(Unbekannte Tote getötet von der Polizei)
1992
Cibachromeabzug

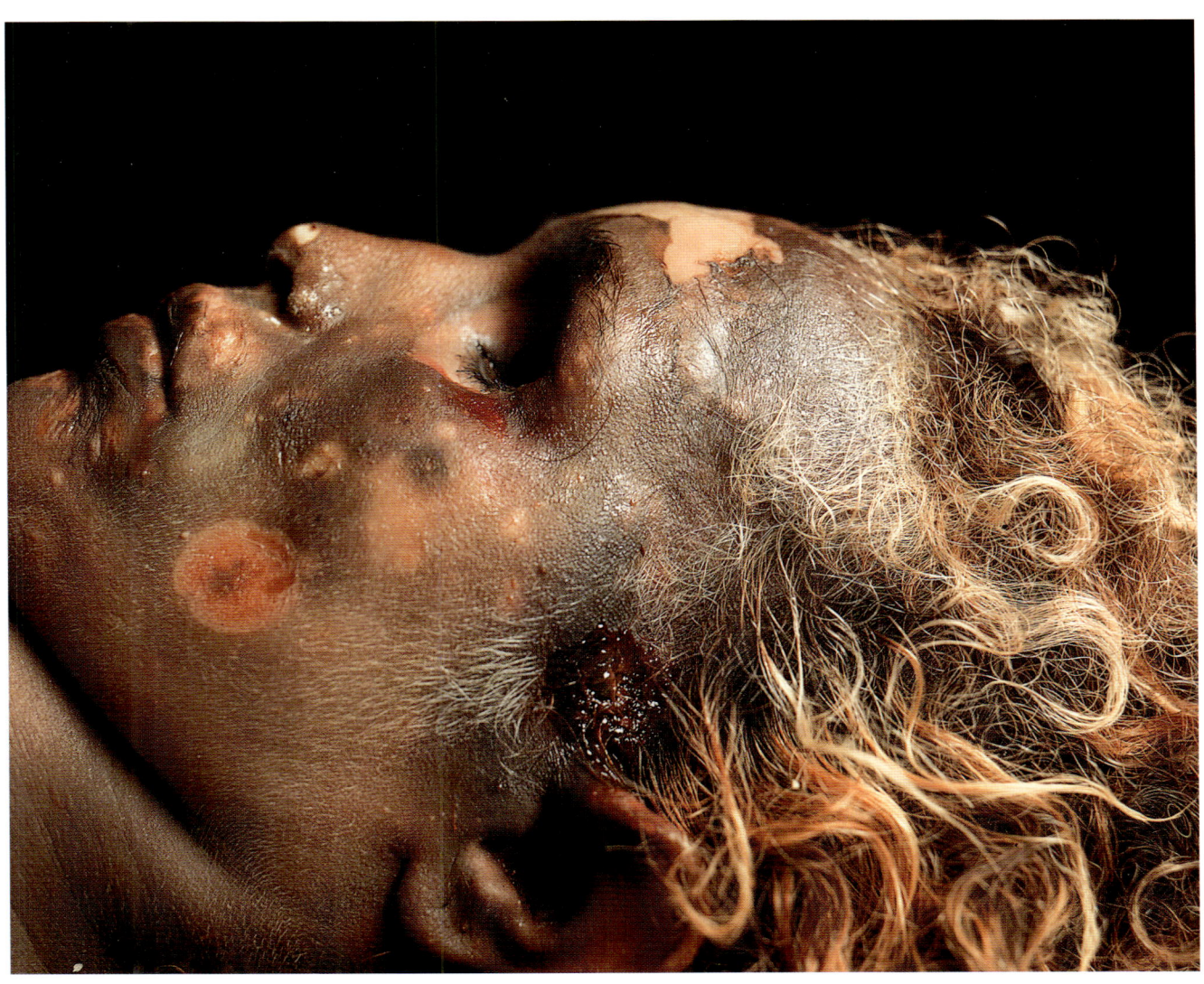

In einer Szene, die eine zeitgenössische Version der Geburt der Venus (besonders der von Botticelli) sein könnte, wird ein junges Mädchen an der polnischen Küste fotografiert. Mit ihrem angestrengten Blick in die Linse, dem leicht schräg geneigten Kopf und dem unsicher auf einem Bein ruhenden Körpergewicht erinnert ihre Haltung dennoch an die klassischen Posen der weiblichen Figuren, wie man sie häufig in der Ikonografie der westlichen Welt findet. Weil die Fotografin dem Modell keine klaren Anweisungen, außer „sei ganz natürlich", gegeben hat, nimmt das Mädchen die Pose ein, die es für diese Gelegenheit passend findet. Das Bild ist von einer gewissen Verletzlichkeit durchdrungen. Durch den Gebrauch der Farbe und des hellen Blitzlichtes sowie die Isolation der Figur vor dem weiten Meer enthüllt Dijkstra eine in dieser öffentlichen Arena unschlüssige und verlegene Heranwachsende. Die Präsentation des Körpers in einem öffentlichen Bereich scheint tatsächlich das Ziel der Fotografin zu sein, sonst hätte sie ihr Modell sicherlich gebeten, in der Privatheit ihres Studios zu posieren. Nur mit einem Badeanzug bekleidet, wird der dünne Körper des Mädchens wirklich zur Schau gestellt und die Schwierigkeiten des Heranwachsens, die ansonsten vor den Blicken verborgen geblieben wären, werden greifbar deutlich. Nachdem sie einige Jahre lang an Künstlerporträts gearbeitet hatte, erntete die Fotografin Beifall für dieses Porträt und andere aus einer Serie, die sie an den Stränden von Polen, Belgien und den Vereinigten Staaten aufgenommen hatte.
Beeindruckt durch die Arbeiten von August Sander und Diane Arbus sieht Dijkstra die Fotografie als ein Werkzeug, die Beschaffenheit des Menschen mit Würde und Respekt zu erkunden.

Der Anblick

87. **Rineke Dijkstra**
Holland, geb. 1959
Kolobrzeg, Polen, 26. Juli
1992
Chromogener Druck

Seit 1984 hat John Coplans die Kamera auf seinen nackten Körper gerichtet. Das an sich war nicht einzigartig, andere Fotografen haben das schon zuvor getan. Doch nur wenige haben eine solche Suche im Alter von 58 Jahren begonnen oder dies mit einer vergleichbaren Zielstrebigkeit verfolgt. Noch weniger konnten aus einem derartigen Reichtum an kunsthistorischem Vorwissen schöpfen. Coplans hatte als Zeichner angefangen, sich in der Mitte seines Lebens jedoch der Lehre und dem Schreiben zugewandt. Er war 1971 Mitbegründer des Magazins *Artforum,* das schon bald zu dem Epizentrum des Diskurses über die zeitgenössische Kunst aller Genres wurde. Es war ein ganz vorzüglicher Ausgangspunkt, von dem aus Coplans die Entwicklungen verfolgen konnte. Aus diesem Grunde hatte er, als er mit dem Schreiben aufhörte und Fotograf wurde, nicht nur einen reichen Schatz an Erfahrungen, sondern auch schon Gedanken und Vorstellungen zur Kunst entwickelt, die er begierig überprüfen wollte. Der Körper, insbesondere sein eigener, sollte dafür als Vehikel dienen.

Es stimmt, die Fotografien von Coplans behandeln das Altern, aber nur oberflächlich. Es gibt keinen wirklichen Grund, warum „der Akt" auf die Jugend und das konventionell Schöne beschränkt sein sollte, insbesondere, da dieses Genre schon beinahe erschöpfend behandelt worden ist. Zugegeben, das erste Betrachten von Coplans' haarigem Fleisch ist schockierend, jedoch nicht, weil wir noch nie einen älteren, weiblichen oder männlichen, Körper nackt gesehen hätten, sondern weil wir ihn selten auf Fotografien gesehen haben. Ist der Schock erst abgeklungen, sind wir fähig, die Formen, die Coplans' Massen annehmen, zu bewundern. Dieses dreiteilige Bild erweckt in uns den Eindruck eines Körpers im freien Fall. Paradoxerweise haben wir jedoch ein klaustrophobisches Gefühl, hervorgerufen durch die enge Rahmung. Die nähere Betrachtung des Bildes bringt aber auch Vergnügliches. Verschiedene Assoziationen entstehen: eine klassische Körperstudie, ein Fries, eine archaische Skulptur, selbst einer der Riesen aus Gullivers Reisen ... Ohne Coplans' umfassende Kenntnisse von Kunst und Geschichte, auch der Fotografie, hätten seine Arbeiten nie eine solche große Resonanz haben können.

Fleisch

88.

John Coplans
England, geb. 1920
Auf dem Kopf stehendes Selbstporträt, Nr. 7
1992
Gelatine-Silberdruck

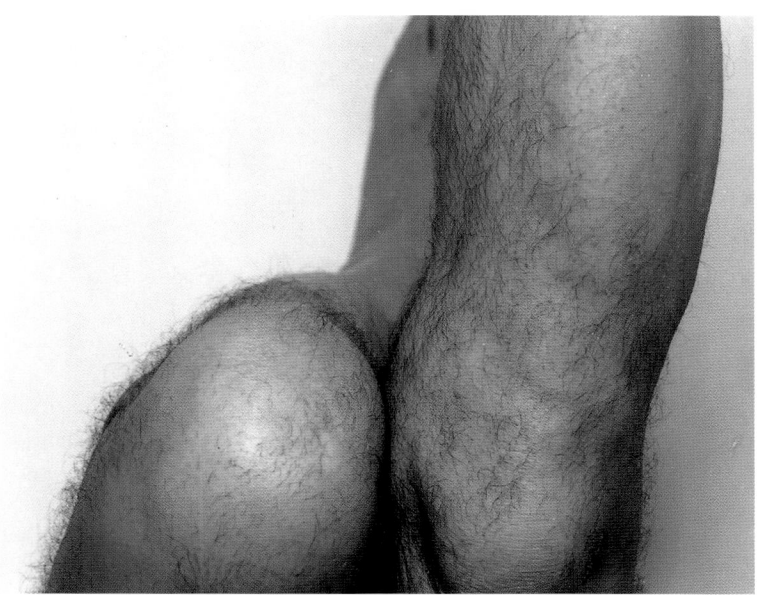
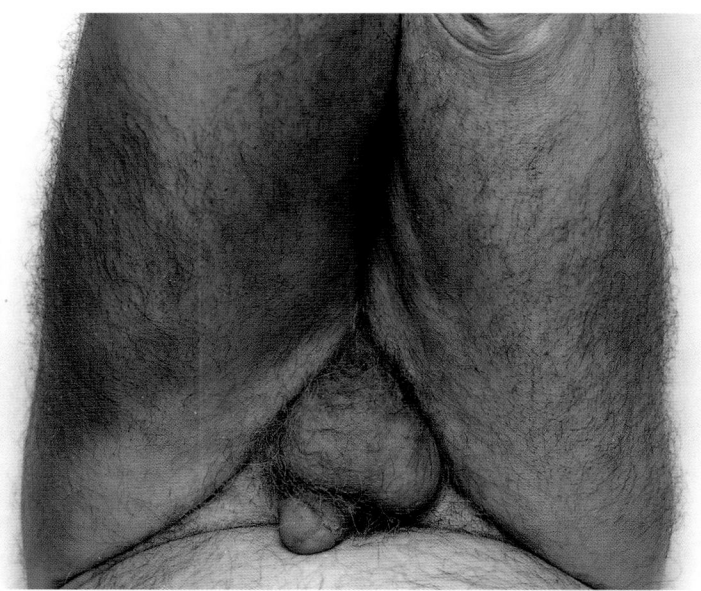
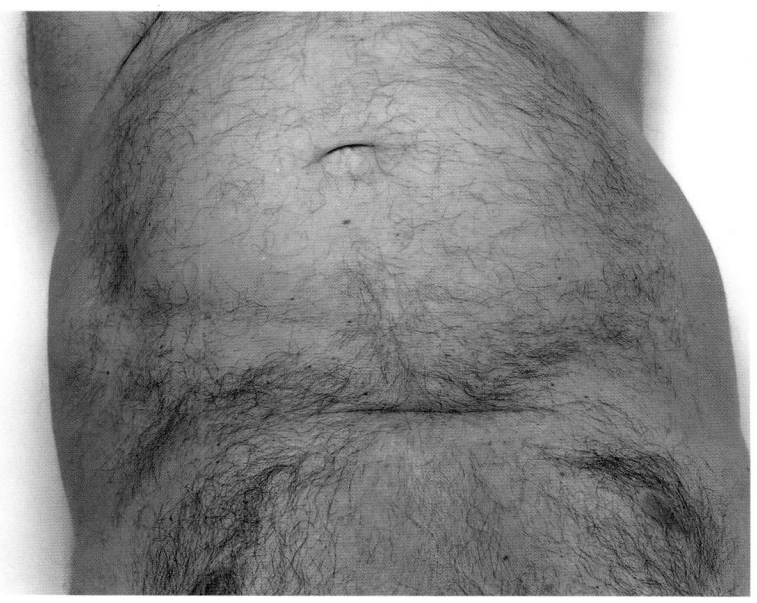

Als das 20. Jahrhundert sich dem Ende zuneigte, entwickelte sich das Selbstporträt der Fotografen zunehmend in Richtung Klischee, zumindest die übliche Nahaufnahme mit dem Blick zur Kamera. Der britische Fotograf David Hiscock hat mit seinen *Transmutationen* eine Alternative aufgezeigt. Dabei handelt es sich um gescannte Abtastungen seiner Körperoberfläche, die etwas über den inneren Zustand des Fotografen enthüllen sollen. Hiscock führte eine improvisierte Kamera über seinen Körper, mehr oder weniger vom Nabel bis zum Kinn, während der Film langsam hinter einer schlitzförmigen Öffnung entlanggeführt wurde. Dieser Vorgang dauerte bis zu drei Minuten. Er machte diese Selbstporträts regelmäßig, aber nur, wenn er meinte, er sei in einer besonders intensiven Stimmung, wie beispielsweise in Zeiten konzentrierter kreativer Arbeit. Während der Belichtung des Films schob er manchmal einen Gegenstand, in diesem Fall einen Atlas, kurz dazwischen. Diese Objekte hinterließen ebenfalls ihre Spuren auf dem Film. *Transmutation XVII* erinnert sowohl an schön gemasertes Holz als auch an die Art von Mustern, die man mit Oszillographen, Elektrokardiogrammen und Tafeln von DNA-Sequenzen in Verbindung bringt. Hiscock kann für sich in Anspruch nehmen, eine Reihe objektiver, „unmittelbarer" Dokumentarfotografien produziert zu haben.

Ausdruck

89.   David Hiscock
             Großbritannien, geb. 1956
             Transmutation XVII, Atlas
             1994
             Lichtkasten mit Cibachrome-Diapositiv

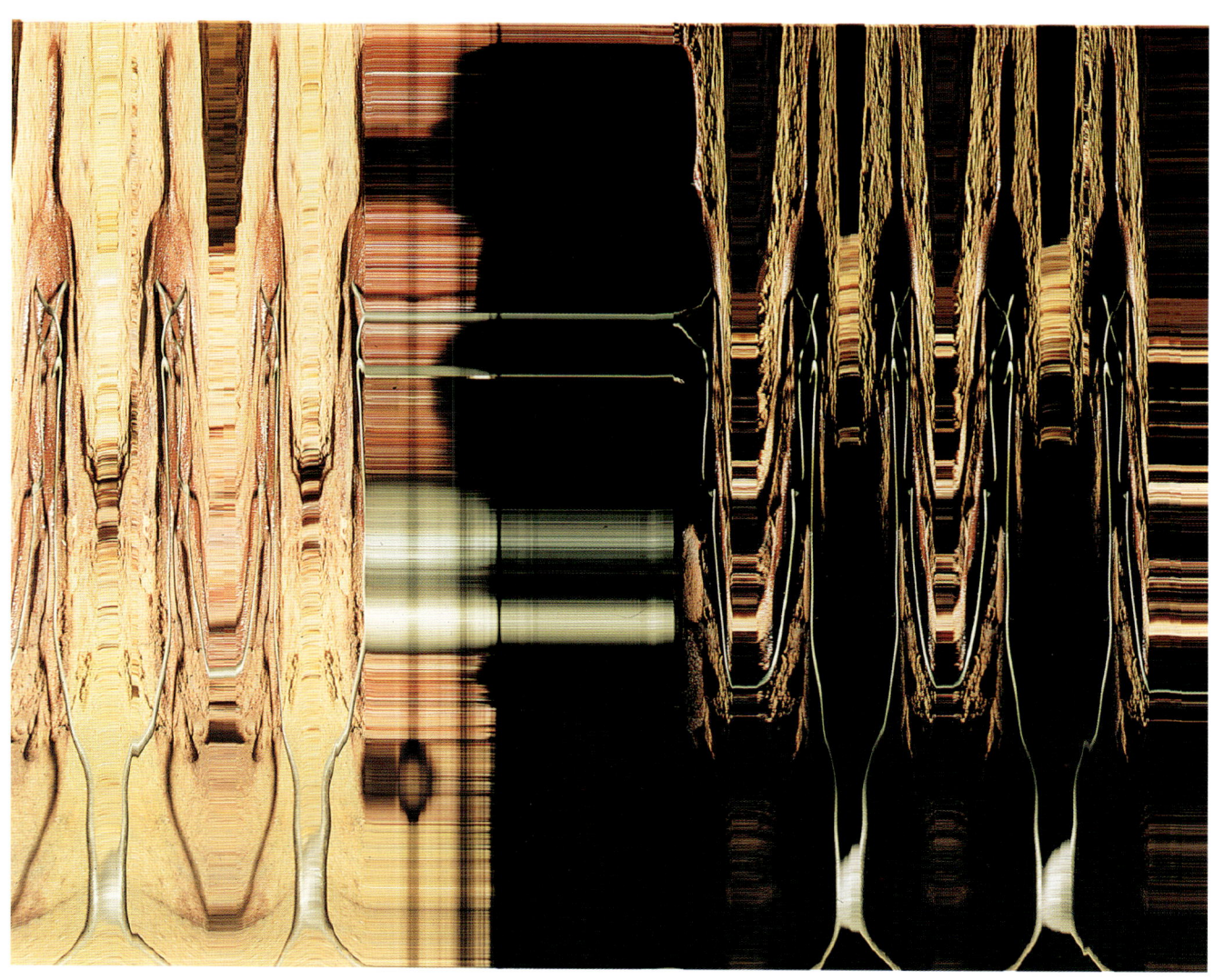

Scheinbar unbeeinflusst durch die Schwerkraft kreisen zwei muskulöse Tänzer der Companie Nomades aus Lausanne wie von einer unsichtbaren Drehkraft in verschiedene Richtungen durch die Luft gewirbelt. Etwas von dem elektrisierten, ängstlichen Pulsieren des modernen Lebens wird von diesen kraftvollen Körpern vermittelt. Mehr als 30 Jahre hat Lois Greenfield mit Tänzern gearbeitet, sowohl mit klassischen wie auch mit modernen. Sie interpretierte den realen Tanz, oder die Essenz eines choreographischen Stils oder sie kreierte, in der von ihr *bevorzugten* Arbeitsweise, ihre eigene „Fotochoreographie". Sie dirigierte die Bewegungen der Tänzer ausdrücklich für ihre Kamera. Zu dieser Herangehensweise bemerkt Greenfield: „Ich sage den Tänzern, sie sollen ihre Choreographie an der Garderobe abgeben".

Anzumerken gilt es, dass die Tanzfotografie allzu oft nur zweitklassige künstlerische Fotografie ist. Die Forderung der Tänzer und Fotografen nach schmeichelnden Abbildungen ihrer Kunst, die unvorstellbar perfekte Bewegungen und Gesten zeigen – häufig retuschiert, ein zusätzlicher Affront gegen die verletzlichen Gefühle des Fotografen – führten zu völlig falschen und lächerlichen Bildern. Greenfield setzt ihr Medium an die erste Stelle. Jedes Mal, wenn sie den Verschluss auslöst, gilt es, ein hervorragendes Foto zu machen, das als Kunstwerk für sich allein bestehen kann. Es spricht jedoch für ihre Fähigkeiten, dass sie es schafft, die Tänzer zufriedenzustellen, während sie ihre eigenen Anforderungen erfüllt. Greenfield erkennt, dass ihre Bühne nicht die dreidimensionale ist, auf der die Tänzer auftreten, sondern eine zweidimensionale auf einem Blatt Papier. Sie bringt dennoch auf wunderbare Weise ihre „Körper" innerhalb dieses kleinen Vierecks dazu, bewegungslos frei im Raum zu fliegen, zu schwimmen und zu schweben.

Ausdruck

90. **Lois Greenfield**
Amerika, geb. 1949
Kathy Thompson und Gerald Durand
von der Companie Nomades, Lausanne
1995
Gelatine-Silberdruck

Besessen von dem Gedanken, unsere Körper ewig jung und gesund zu erhalten – eine Praxis, die von der Werbung mit Macht propagiert und durch die wissenschaftliche Forschung unterstützt wird –, scheinen wir unfähig zu sein, mit Gelassenheit über das Alter nachzusinnen. Erschlafftes Fleisch wird nur als Zeichen der physischen Hinfälligkeit und des nahenden Todes angesehen. In diesem Sinne verstoßen die Fotografien des japanischen Künstlers Manabu Yamanaka gegen die Konventionen. Das hier ist sicher ein „weiblicher Akt", aber einer, der weit entfernt ist von den standardisierten Inkarnationen jugendlicher Sinnlichkeit, an die wir uns gewöhnt haben. Mit klinischer Objektivität fotografiert, posiert eine Frau von ungefähr 90 Jahren nackt vor einem weißen Hintergrund: Keine Requisiten mildern den Eindruck und das Modell macht auch nicht den geringsten Versuch seine Nacktheit zu verbergen. Eine alte Frau so zu sehen – in Wirklichkeit oder auf einem Foto – ist, außer für Pfleger (Yamanaka hat als solcher jahrelang mit älteren Menschen gearbeitet, was das Vertrauen, das ihm entgegengebracht wird, erklärt), eine seltene und beunruhigende Erfahrung. Wir sind zwischen Faszination und Schrecken gefangen und einfach völlig verwirrt. Die alte Frau jedoch scheint kein Problem mit dem Fotografieren zu haben, nur wir müssen letztlich damit fertig werden. Vielleicht beruht unser Unbehagen auf der Tatsache, dass solche Abbildungen, wenn man so will, Spiegelbilder unseres eigenen Körpers sind. Nicht so, wie sie jetzt sind, aber so, wie sie in einer nicht zu weit entfernten Zukunft sein werden. Kein Wunder, dass wir es vorziehen, die nackten Körper der ganz Jungen zu betrachten und die klassischen Fotografien als „zeitlos" anzusehen.

Fleisch

91.   **Manabu Yamanaka**
Japan, geb. 1959
Gyahtei #2
1995
Gelatine-Silberdruck

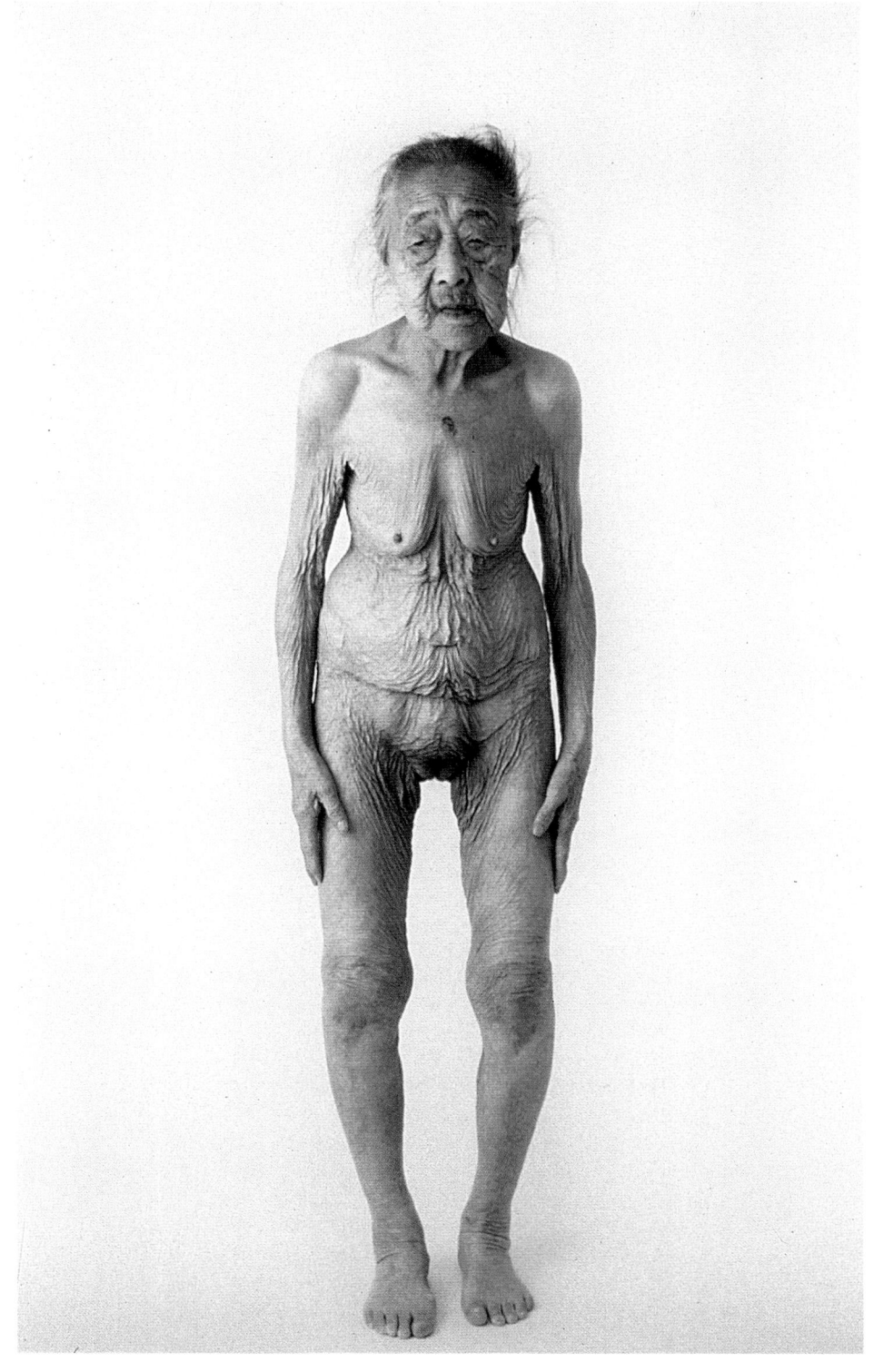

Wer hat nicht van Goghs Gemälde betrachtet und war nicht
begeistert von seiner wirbelnden Pinselführung, wie sie die
Felder, Wolken und betörende Sternennächte seiner Wahlheimat Provence zum Leben erweckt? Dieser Malstil kam der
britischen Künstlerin Mona Hatoum in den Sinn, als sie eines
Tages den Rücken ihres Partners in der Badewanne einseifte.
Die Wirbel, die sich in dem dichten Haar gebildet hatten,
erinnerten sie an van Gogh. Sie griff rasch zu einer kleinen
automatischen Kamera und hielt das Bild fest.

Einige Wochen später dachte sie, das Foto sei wohl
einfach „nichts weiter als nur ein Schnappschuss" und könne
besser gemacht werden. Sie arrangierte die Situation noch
einmal und benutzte dieses Mal eine Kamera mittleren
Formats mit einstellbarer Belichtung. Die Ergebnisse waren
enttäuschend. Die Fotografie des inszenierten Ereignisses
war nicht überzeugend und reichte auch nicht ansatzweise
an die Ausstrahlung des ursprünglichen, spontanen
„Schnappschusses" heran.

Mona Hatoum hat sich in ihrer Kunst sehr viel mit den
Aspekten des Körperinneren beschäftigt. 1994 schuf sie die
Video-Installation *Corps étranger*, in der sie die Oberfläche
ihres Körpers zeigte und auch sein mit endoskopischem
Gerät gefilmtes Inneres. Während die Künstlerin ihre
Installationen mit den professionell üblichen Fotografien
dokumentiert, benutzt sie auf ihren Reisen lieber eine kleine
Kamera. Sie hält den Schnappschuss für das ideale Mittel,
flüchtige Augenblicke und zufällige Ereignisse festzuhalten.

Fiktion

92.

Mona Hatoum
Großbritannien, geb. in Palästina, 1952
Van Goghs Rücken
1995
Chromogener Druck

Viele Künstler arbeiten gerne eng mit einem Partner zusammen: der Ehefrau oder dem Ehemann, einem Freund oder einer Geliebten oder jemandem, der eine Partnerschaft zu einer besonderen Blüte bringen kann. Ein solches Paar, die deutschen Künstler Frederike van Lawick und ihr Partner Hans Müller, hatten die Idee, derartige Verbindungen näher zu betrachten und ihnen buchstäblich ein Gesicht zu verleihen. Zu diesen Paaren gehören die Schweizer Künstler Muriel Olesen und Gérald Minkoff, die sich der Fotografie intensiv bedienen und sowohl gemeinsam als auch alleine Projekte erarbeiten. Van Lawick und Müller beginnen, wie bei den anderen Arbeiten der Serie *La Folie à deux,* mit Aufnahmen in der Art von Passfotos, die sie dann mithilfe eines Computer überlagern und morphen. So entsteht eine Sequenz von 16 Abbildungen, in der, von oben links nach unten rechts gesehen, aus van Lawicks Gesicht das Gesicht von Olesen wird und umgekehrt. Zwischen den einzelnen Bildern ist die Veränderung für das menschliche Auge kaum wahrnehmbar. Auf den Fotografien in der Mitte der Sequenz kann man die beiden Gesichter nicht voneinander unterscheiden. Van Lawicks und Müllers „folies" sind wundervolle Metaphern für den kreativen Prozess in einer partnerschaftlichen Zusammenarbeit. Jeder Einzelne leistet seinen individuellen Beitrag zu dem gemeinsamen Unterfangen. Zugleich gibt es eine „Mitte", in der die beiden Persönlichkeiten ineinander verschmolzen sind. In einem größeren Zusammenhang gesehen ist die Kunst von van Lawick und Olesen ein Beispiel der zunehmenden Tendenzen unter den zeitgenössischen Künstlern, für ihre Abbildungen des menschlichen Körpers den Computer als Medium kreativ einzusetzen.

Fiktion

93.   **Frederike van Lawick / Hans Müller**
Deutschland, geb. 1958 / geb. 1954
Künstlerporträts: Muriel Olesen und Gérald Minkoff.
Aus der Serie *La Folie à deux*
1996
Digital bearbeitete Fotografie

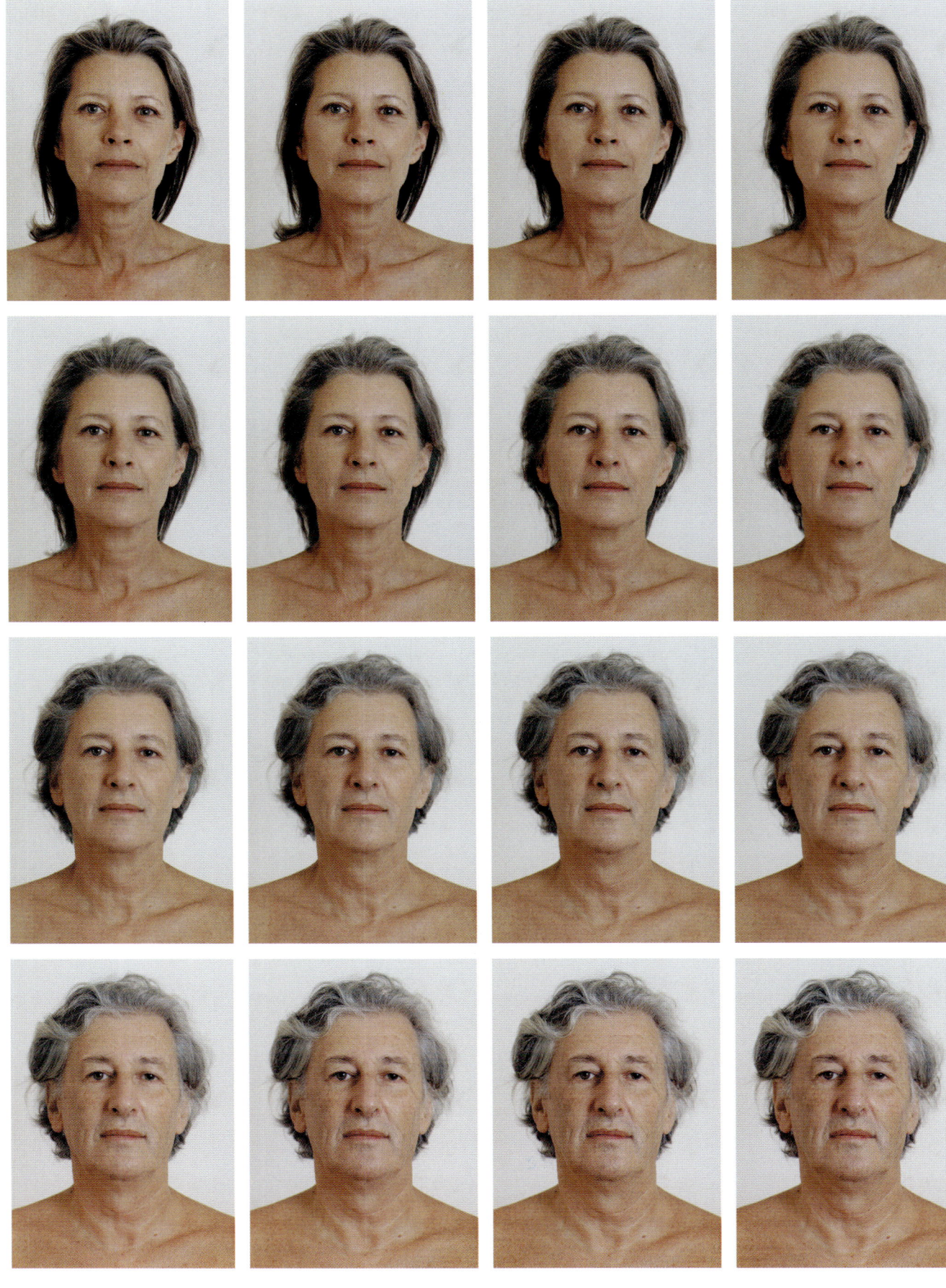

„In unserer Konsumwelt", so die Beobachtung von Jean Baudrillard, „gibt es ein Objekt, das noch schöner, wertvoller und betörender ist als alle anderen, mit noch mehr Assoziationen umgeben als das Auto, trotz der Tatsache, dass dieses alle anderen beinhaltet. Dieses Objekt ist der Körper."
Einige Jahre hat der Schweizer Künstler Daniele Buetti mit fotografischen Abbildungen aus Mode- und Schönheitsmagazinen sowohl der redaktionellen Beiträge wie auch der Werbung gearbeitet. Auch wenn die Markenzeichen, die von den sportlichen jungen Männern und schönen jungen Frauen stolz getragen werden, für immer in ihre Haut geätzt zu sein scheinen, sind diese tatsächlich nur in die rückwärtige Seite der ausgerissenen Magazinblätter gedrückt. Das Big Business, scheint Buetti zu suggerieren, ist dabei, den menschlichen Körper erfolgreich zu kolonialisieren und wie erstklassigen Grundbesitz auszupreisen. Wie könnte man das besser zeigen, als Körper wie Rinder mit Brandzeichen zu versehen? In *No Logo: Taking Aim at the Brand Bullies* zitiert Naomi Klein einen jungen Mann, der sich entschieden hat, das Warenzeichen von Nike auf seinen Nabel tätowieren zu lassen. „Ich wache jeden Morgen auf", sagt er, „springe unter die Dusche und das macht mich richtig fit für den Tag. Es soll mich Tag für Tag daran erinnern, dass ‚Just Do It', alles ist, was ich zu tun habe." Frühere Generationen versteckten die Markenetiketten ihrer Kleidung diskret. Dieser junge Mann hingegen verspürt das Bedürfnis, die Zeichen seiner bevorzugten Konsumgewohnheiten und Stammeszugehörigkeit öffentlich zu präsentieren. Buettis einfaches Arrangement zeigt die derzeitige Uniformität einer Kultur, die ihre Individualität preisgibt.

Politik

94.   **Daniele Buetti**
Schweiz, geb. 1956
Gute Kumpel
1996 – 1998
Kombinationsfoto aus manipulierten Fotografien

Obwohl sie in einer der großen Weltmetropolen mit ihren dicht bevölkerten Bürgersteigen lebt und arbeitet, befasst sich die Kunst der New Yorkerin Ann Mandelbaum mit einem schmalen Ausschnitt des körperlichen Spektrums: den Oberflächen des Körpers, in extremen Nahaufnahmen. Ihre Objekte sind die Familienmitglieder und intime Freunde, deren Augen, Ohren, Münder, Zungen, Haare, Muttermale, Brustwarzen und andere körperliche Details sie faszinieren. „Ich interessiere mich besonders für die Körperöffnung", sagt Mandelbaum. „Für den Unterschied zwischen denen, die verlocken, und denen, die abstoßen ... Denken Sie an die Zunge, ein sehr bizarres Tier, das die meiste Zeit im Inneren haust, aber auf seinen Beutezügen hervorschnellt!" Mandelbaum führt den Ursprung ihrer Obsession auf ihre Eltern zurück, die professionelle Kosmetiker waren. Ihr Interesse jedoch konzentriert sich eher auf die Unterschiede und Eigentümlichkeiten als auf idealisierte Dinge. „Ich möchte etwas schaffen, dass die Betrachter dazu bringt, ihre körperliche Präsenz, ihre Bedürfnisse und ihre Begierden anzuerkennen", erklärt sie. Mandelbaum versieht ihre Abzüge mit einem psychologisch distanzierenden Hinweis. Sie benutzt partielle Solarisierung, mit der die positiven Tönungen in negative umgekehrt werden, um das Rohmaterial des Körpers in etwas Wertvolles und Schönes zu verwandeln. „Ihre Objekte sind groß genug, um mit dem bloßen Auge gesehen werden zu können", stellt die Kuratorin Trudy Wilner Stack fest. „Aber der Blick ist durch die Filter ihres Objektivs und die raffinierten Vergrößerungen so außergewöhnlich, dass jedes sichtbare Detail selber zu einem Universum von Informationen wird ... einem Makrokosmos aus sterblichem menschlichem Material."

Fleisch

95. **Ann Mandelbaum**
Amerika, geb. 1945
Ohne Titel
1997
Gelatine-Silberdruck

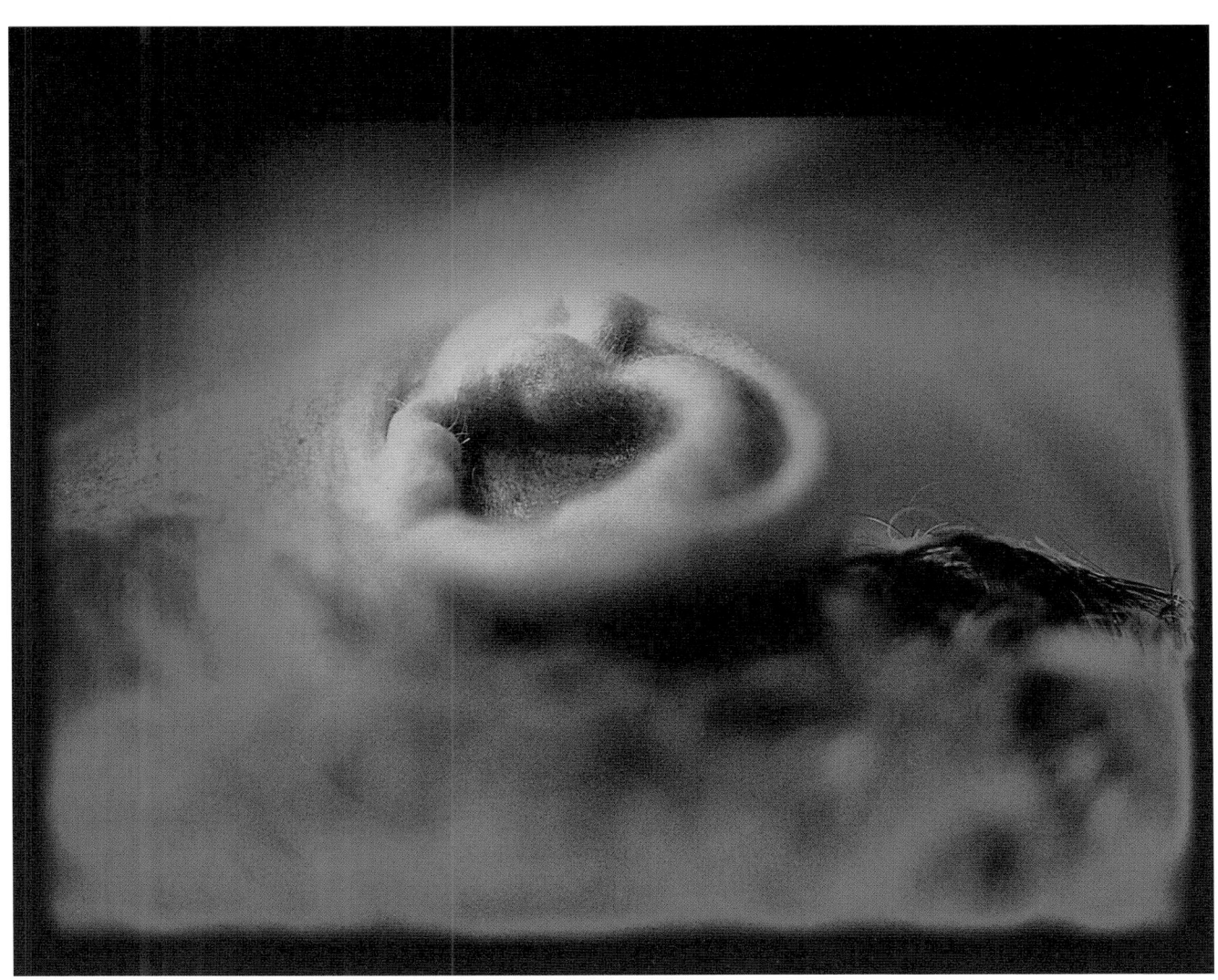

1801 schrieb der Illustrator Samuel Thomas von Soemmer-
ring: „So, wie wir auf der einen Seite davon ausgehen, das
alle Kunstwerke, die den menschlichen Körper darstellen
und ideale Schönheit für sich in Anspruch nehmen, aus
anatomischer Sicht notwendigerweise korrekt sein müssen,
so sollten wir auf der anderen Seite genauso bereitwillig
zugeben, dass alles, was der sezierende Arzt anatomisch als
gesunde Struktur beschreibt, notwendigerweise ausnahms-
los schön sein muss." Dieses außerordentliche Bild, das in
seiner Schönheit von Soemmerrings Beobachtung bestätigt,
wurde von einer Gewebeprobe aufgenommen, die der Arzt
Bari Logan für seine Krankenschwestern präpariert hatte.
Es zeigt eine Sektion des Kehldeckels von hinten mit freige-
legten Muskelsträngen und Gewebe

Ralph Hutchings hat sich seit 1970 auf die Fotografie des
menschlichen Körpers spezialisiert. Er ist der Überzeugung,
der körperliche Bereich sei eine wahrhaft unerschöpfliche
Quelle von Bildern. Weit davon entfernt, ein aus Einzelteilen
bestehendes und seiner Natur nach begrenztes Objekt zu
sein, ist der Körper von einer derartigen Komplexität, dass
die anatomische Fotografie sich von daher ständig erneuern
muss. Neuerdings sich ausdehnende Gebiete wie die kosmetische Chirurgie, die Herzoperation und die *In-vivo*-Chirurgie
am Fötus erfordern neues Bildmaterial. Als Hutchings seine
Arbeit am Department of Anatomy am Royal College of
Surgeons in London aufnahm, stellte er fest, dass viele Bilder der vorhandenen anatomischen Atlanten schlecht gemacht oder, schlimmer, falsch waren. So machte er sich daran, diese zu ersetzen. Hutchings gibt sich mit seinen Bildern
in enger Zusammenarbeit mit den sezierenden Ärzten sehr
große Mühe. Um einen dreidimensionalen Effekt zu erhalten, ist es erforderlich ein Objekt bis zu 250 Mal mit Blitzlicht auszuleuchten, um ein Stück Film zu belichten. Auch
wenn er auf seine Arbeit sehr stolz ist, glaubt Hutchings
dennoch, dass die Fotografie, ganz gleich wie hoch sie entwickelt ist, nie die Erfahrungen der Sektion eines realen
Leichnams zu vermitteln vermag. Aus diesem Grunde könne
sie immer nur als Hilfsmittel, aber nie als Ersatz für das
Seziermesser gesehen werden. Darüber hinaus ist er der
Meinung, die modernen Kameras und Objektive seien denen,
die vor 50 Jahren benutzt wurden, unterlegen. Eine beunruhigende Entwicklung, so weit es die Zukunft seines *métier*
betrifft.

Forschung

96.   **Ralph T. Hutchings**
       Großbritannien, geb. 1945
       Kehlkopf, Rachen und Speiseröhre von hinten gesehen
       1997
       Farbdiapositiv

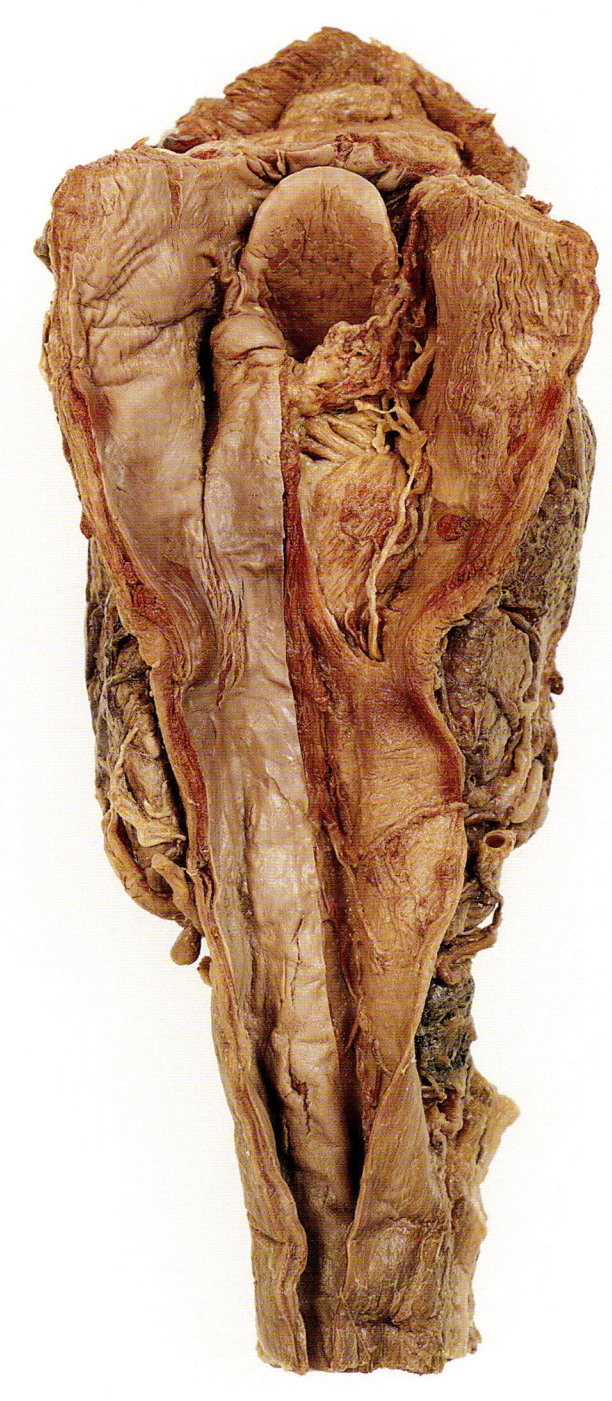

Zwei nackte Frauen posieren völlig entspannt in einer, wie es scheint, idyllischen Umgebung – schönes Wetter, ruhiges Wasser, stark gemasertes Holz und eine reiche Vegetation schimmert wie in einem Traum. Der Körper im Vordergrund bildet einen Rahmen für die im Hintergrund stehende Figur, die sich, vom prallen Licht der Sonne getroffen, in eine Art abstrakte Skulptur verwandelt hat. Die Landschaft liegt irgendwo im nördlichen Kalifornien und die Autobahnen und Schnellimbisse können nicht mehr als einen Steinwurf weit entfernt sein. Dennoch beeinflusst nichts aus dieser Welt diesen Garten Eden.

Seit dem Ende der 80er-Jahre des 20. Jahrhunderts hat Jock Sturges die Refugien der naturalistischen Gemeinschaften (diese unterscheiden sich von Nudisten dadurch, dass die Naturalisten je nachdem Kleidung tragen oder auch nicht) aufgesucht und sich Zeit genommen, seine Protagonisten kennen zu lernen, ehe er seine großformatige Kamera und seine Lampen aufstellte. Beeinflusst durch Alfred Stieglitz' zahlreiche Porträts von Georgia O'Keeffe und Edward Westons vielen Studien seiner Geliebten Charis glaubt Sturges daran, dass die Tiefe in einer Arbeit nur aus der wahren Kenntnis des Modells herrühren kann. Sobald der Fotograf und sein Modell sich miteinander wohl fühlen, können Aufnahmen mit einem hohen Maß an Spontaneität entstehen. Das ist entscheidend, da die Sonne derartig strahlende Gelegenheiten nur für sehr kurze Augenblicke bietet. „Am Ende eines Tages, wenn die Schatten wandern und länger werden", bemerkt Sturges, „ist man davon wirklich überwältigt, wenn man durchdrungen ist von Gedanken und Formen".

Form

97.   **Jock Sturges**
Amerika, geb. 1947
Allegra und Karuna; Nord-Kalifornien
1988
Gelatine-Silberdruck

Dieser weibliche Akt wäre eine Figur von klassischer Schönheit, gäbe es nicht die dritte Brustwarze. Solch eine störende physische Anomalie (in diesem Fall künstlich) ist ein typisches Merkmal der Arbeiten von Joel-Peter Witkin, dessen an Bosch erinnernde Tafelbilder, die Lebende und Tote einbeziehen, gleichermaßen Ablehnung und Bewunderung hervorgerufen haben. Ein weiterer entscheidender Aspekt ist die Allegorie. Er benutzt die gesamte Bandbreite der Zeichen und Figuren, um Ideen, Laster und Tugenden zu personifizieren. So erlaubt es diese bizarr ausgestattete „Schönheit" (die er nach der Figur der Eva in einem Gemälde von Lukas Cranach dem Älteren modelliert) Witkin in einer Abbildung des Körpers das zu reflektieren, was er „die Unwahrnehmbarkeit des Bewusstseinszustandes" nennt. Diese Eva ist ein Wesen wie eine Göttin (noch mehr dadurch, dass ihr Schamhaar entfernt worden und die Stelle weiß überpudert ist) und gesegnet mit Schönheit, Grazie und der besonderen Qualität des „Anders-Seins". Was aber mag sie denken und empfinden? Dass die Erde ein anstrengendes und verbotenes Gebiet ist? Vielleicht denkt sie an Selbstmord oder den Märtyrertod – eine Leiter für den Weg zum Himmel steht bereit. Oder träumt sie davon, in ein irdisches Paradies zu fliegen oder zu segeln, wie es die Attribute Boot und Segel suggerieren? Es ist nicht nur Ironie, dass Witkin die Darstellungsform der allegorischen Fotografien des 19. Jahrhunderts mit ihrer morbiden Atmosphäre und der zerkratzten und gefleckten Oberfläche imitiert. Für ihn ist diese Tradition einfach das beste Medium, um die großen Mysterien des Lebens zu thematisieren.

Fiktion

98. **Joel-Peter Witkin**
Amerika, geb. 1939
Die Schönheit hat drei Brustwarzen, Berlin
1989
Getönter Gelatine-Silberdruck

Dieses Künstlerpaar hat in den vergangenen zehn Jahren ein einzigartiges Werk hervorgebracht, dass sowohl die bildnerischen Konventionen als auch die kulturellen Überlieferungen von Schönheit, körperlicher Perfektion, Geschlecht und Sexualität infrage gestellt hat. Ihre Bilder entlarven auch die weite Verbreitung des Computers in unserem Leben und unseren blinden Glauben an Hightech-Lösungen für alle persönlichen und gesellschaftlichen Probleme. In der Vergangenheit haben Aziz + Cucher mit Computer-Manipulationen Körper in groteske, aber dennoch attraktive Mutanten transformiert, die auf uns wie Ergebnisse misslungener genetischer Experimente wirken. Die Arbeiten zeigen extrem konditionierte nackte Männer und Frauen ohne Genitalien und Brustwarzen. Danach folgte eine Serie von Gesichtern ohne Augen, Münder und Nasenöffnungen, aber mit peinlich genau abgebildeten Schönheitsmalen, Falten, Flecken und Gesichtshaaren in Nahaufnahme. Dies wirkt, so der Fotohistoriker Patrick Roegiers, als ob die Haut des Körpers das ganze Gesicht überzogen hätte, und erweckt den Eindruck „von einem in sich selbst mit unsagbarem Leid eingemauerten Körper". In ihrer letzten Arbeit, der Serie *Interior*, ist der Körper im wahrsten Sinne des Wortes eingemauert. Wände, Decken und Fußböden aus Fleisch in diesen ansonsten leeren Räumen sind wie ein visionärer Albtraum einer Zukunft, in der durch ein Übermaß an rationaler Planung, Kommerzialisierung und hoch entwickelten Techniken der Genmanipulation unsere bauliche Umgebung zu Fleisch geworden ist – oder umgekehrt. Aziz + Cucher warnen uns, wie schon Claudia Springer mit *Electronic Eros*, dass „jene, welche die technische Durchdringung des menschlichen Körpers und Geistes so begeistert begrüßen, den Blick dafür verlieren, wie dieser Versuch, den Menschen zu einem Objekt der Technologie zu machen, zu seinem Untergang führt."

Fleisch

99.   **Aziz + Cucher (Anthony Aziz und Sammy Cucher)**
Amerika, geb. 1961; Venezuela, geb. 1958
Interior #5
1999
Chromogener Druck

In den Jahren 1997 und 1998 fertigte Gary Schneider ein komplexes Selbstporträt, für das er Abbildungstechniken benutzte, wie man sie normalerweise nur in der medizinischen Diagnose und Forschung findet. Schneider hatte die Möglichkeit neue Arbeiten im Zusammenhang mit dem menschlichen Genom-Projekt zu schaffen. Mit der Hilfe der verschiedensten Instrumente – darunter ein nanoskopisches Miskroskop, ein Transmissions-Elektronenmikroskop eine Röngenstrahl-Maschine und eine Fundus-Kamera – war der Künstler in der Lage, sich auf neuen Wegen ein Bild von seinem Körper bis hin zur einzelnen Zelle und ihrem genetischen Material zu machen.

Schneiders zusammengesetztes Porträt enthält auch Bilder, die sich der traditionellen, wenn auch spezifisch modifizierten, fotografischen Technik des Fotogramms bedienen. Das ist eine Abbildung ohne Kamera, bei der ein oder mehrere Objekte auf ein Stück Film oder Fotopapier gelegt und dann dem Licht ausgesetzt werden. Das Objekt schirmt das Licht ab und hinterläßt so einen Abdruck auf dem Papier. Schneider hat seine Hände auf diese Weise abgebildet und so wurden auch die Wärme und die Feuchtigkeit seines Körpers auf dem Film festgehalten. „Mit der Hinzufügung meiner Handabdrücke verwandelte sich das Porträt von einer Sammlung meiner biologischen Informationen zu einer emotionalen Reaktion auf das menschliche Genom-Projekt", führt Schneider aus. Er sieht dieses Porträt trotz seiner Befürchtungen vor diesem Schritt ins Unbekannte als einen Akt des Vertrauens in die biologische Zukunft.

Das hier gezeigte Plattenthermogramm ist zwar kein Teil des originalen „genetischen Selbstporträts", es zeigt aber, dass Schneider von dem Konzept fasziniert ist und es sicherlich weiterverfolgen wird. Er ist inzwischen offensichtlich viel empfindsamer für dessen Auswirkungen auf den Makrokosmos. Wie viele andere wissenschaftliche Fotografen der allerfeinsten Strukturen des menschlichen Körpers ist auch er beeindruckt von deren Ähnlichkeit mit den unendlich weiten Strukturen des Universums.

Makrokosmos

100. **Gary Schneider**
Amerika, geb. in Südafrika, 1954
Lippen
2000
Getönter Gelatine-Silberdruck, Plattenthermogramm

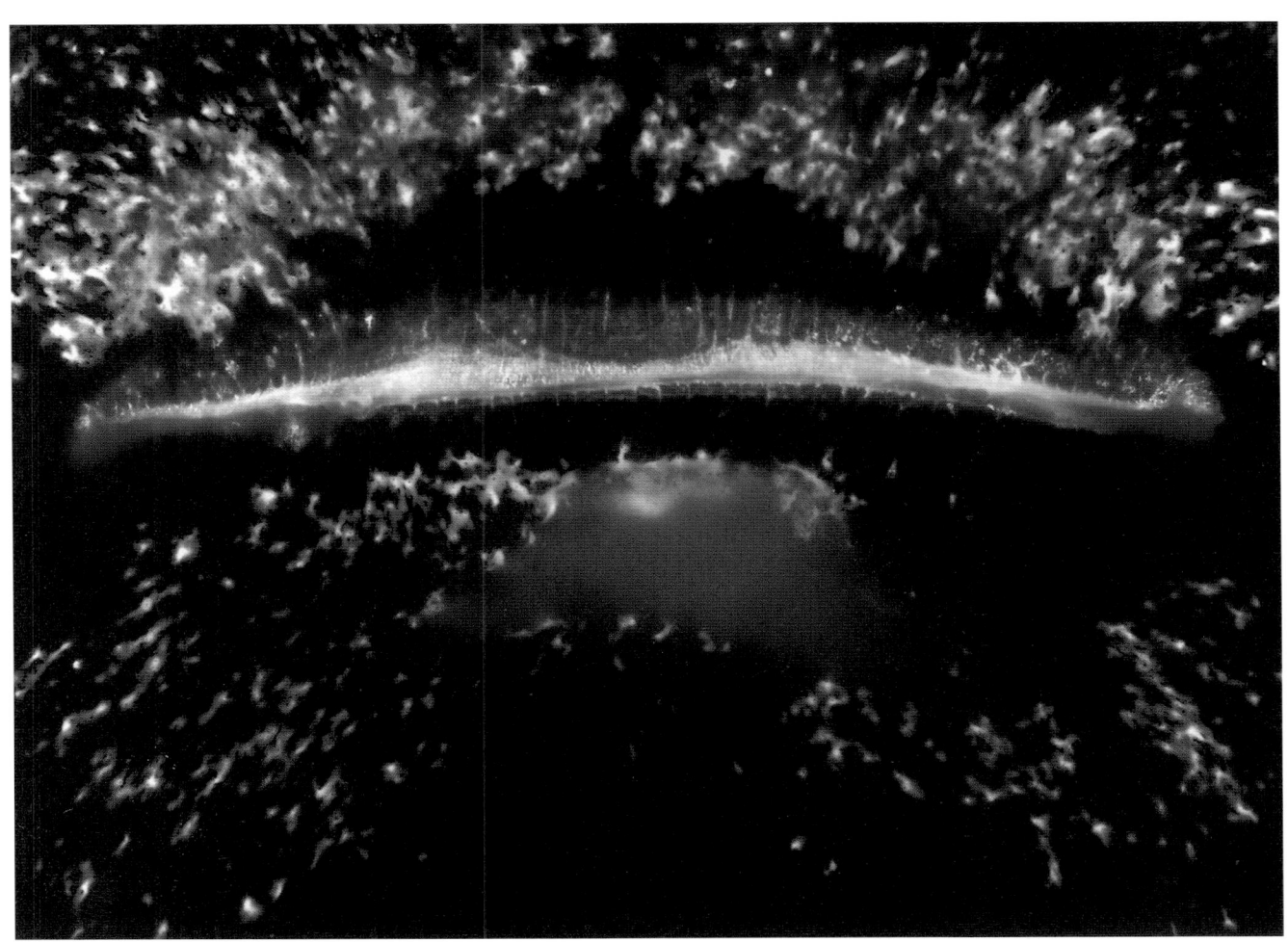

Anmerkungen und Bildnachweis

Vorwort

1 Eine geistreich spekulative Sicht über die Zukunft der Genmanipulation und der künstlichen Intelligenz bei: George Dyson, *Darwin among the Machines: The Evolution of Global Intelligence*, Reading, Mass., 1997 und Ray Kurzwell, *The Age of Spiritual Machines: When Computers Exceed Human Intelligence*, New York, 1999.

2 Einen umfassenden Überblick zur körperorientierten Fotografie seit ihrer Erfindung in: William A. Ewing, *Faszination Körper: Meisterfotografien der menschlichen Gestalt*. Leipzig: Edition Leipzig, 2. Aufl., 1998. Einen theoretischen und akademischen Standpunkt vertritt John Pultz, *Photography and the Body*, London, 1995.

Form, Fragment und Fleisch

1 Eine vorzügliche Darstellung der Einstellungen im 19. Jahrhundert, in Stephen Kern, *Anatomy and Destiny: A Cultural History of the Human Body*, Indianapolis, Indiana, 1975.

2 Zur Würdigung der Kriegsfotografie *siehe* Frances Fralin, *The Indelible Image: Photographs of War 1846 to the Present*, New York, 1985.

3 Die ersten verlässlichen und preiswerten Methoden der Fotografie mit Blitzlicht stammen aus dem Jahr 1899, aber erst ungefähr 1929 konnte man Blitzlichtbirnen im Handel kaufen. *Siehe* Pierre Bron und Philip L. Contax, *The Photographic Flash: A Concise History*, Allschwill, Schweiz, 1998.

4 Das Aufkommen der Handkamera führte jedoch nicht unmittelbar zur Herstellung von überzeugenden Sportfotografien. Am 13. Januar 1888, dem Jahr, in dem Kodak die nach ihm benannte Kamera erfand, schrieb die Londoner *Photographic News*: „Es ist schon eigenartig, dass niemand daran gedacht hatte eine dieser neuen Kameras zu dem jüngsten Kampf mitzubringen. Das Interesse an diesen Wettkämpfen ist so groß, dass sich die Bilder wie von selbst verkauft hätten."

5 Wie Carol Wax aufzeigt: „Die zunehmend prosperierende und stärker werdende Mittelschicht entwickelte zu einem sehr großen Markt für Reproduktionen. Darüber hinaus führte das Aufblühen von Literatur und Journalismus zu einer besser informierten Öffentlichkeit, deren Ansichten und Modebewusstsein genügend übereinstimmten, sodass es sich für die Verkäufer von Drucken lohnte, größere Auflagen herstellen zu lassen". *The Mezzotint: History and Technique*, London, 1990, S. 105.

6 Von dieser Geringschätzung abgesehen, gab es technische Begrenzungen. In ihrem Bericht über die frühe klinische Fotografie in Schottland in *History of Photography*, Vol. 23, No. 3, Herbst 1999, berichten Mike Barfoot und A. D. Morrison-Low, dass 1862 eine wichtige Abhandlung, die mit Fotografien illustriert werden sollte, sich notwendigerweise „auf eher schlechte Reproduktionen beschränken musste", S. 206.

7 Der Durchbruch erfolgte mit der Entwicklung des Halbtonverfahrens in den 80er-Jahren des 19. Jahrhunderts.

8 Einen Überblick findet man in Martin Kemps Artikel „A Perfect and Faithful Record" in *Beauty of Another Order: Photography and Science*, hrsg. von Ann Thomas, Ottawa und New Haven, Conn., 1997, S. 120–149.

Albert Londe, ein innovativer Fotograf, der sich am Salpêtrière in Paris seit 1882 auf die Medizinfotografie spezialisiert hatte, schrieb im Jahr 1893, die Medizinfotografen steckten „noch im Anfangsstadium dieser neuen Wissenschaft". (Kemp, S. 141).

9 Die moderne Zelltheorie, wie sie von M. J. Schleiden und Theodor Schwann entwickelt wurde, stammt schon aus dem Jahr 1839, dem Jahr der ersten Daguerreotypie. „Un microscope daguerréotype" wurde in eben diesem Jahr von Lèon Foucault und Alfred Donné dazu benutzt, Proben von menschlichen und tierischen Geweben und Flüssigkeiten zu dokumentieren.

10 *Siehe* J. J. Courtine and C. Haroche, *Histoire du Visage: exprimer et taire ses émotions XVIe-début XIXe siècle*, Paris / Marseilles, 1988.

11 *Siehe* Guillaume-Benjamin-Armand Duchenne de Boulogne, *Mécanisme de la physiomie humaine ou analyse électrophysiologique des passions*, Paris, 1862, und Charles Darwin, *The Expression of the Emotions in Man and Animals*, London, 1872.

12 Galton ist berühmt als der Begründer der Eugenik. Typisch für seine Schautafeln ist „Prevalent types of features among men convicted of larceny (without violence)". Galtons illustrierte *Inquiries into Human Faculty and Its Development* wurden im Jahre 1883 veröffentlicht.

13 In einem Artikel in den *Photographic News* vom 7. April 1865 findet sich die Einschätzung eines gewissen Ferdinand Beyrich, eines zeitgenössischen Polizeifotografen. Er schreibt, dass „sich die Fotografie in den 25 Jahren ihres Bestehens im Bereich der Justiz etabliert hat … Eine Fotografie sagt mehr als tausend Worte … und sie leistet ihre Arbeit in wenigen Minuten."

14 Die Entdeckung des erstes Gorillas, zunächst als „Baummensch" beschrieben, im Jahr 1861 führte umgehend zu Vergleichen mit den Menschen, die auf der niedrigsten Stufe standen – denen mit der schwärzesten Haut. Die Iren wurden in Großbritannien auf der gleichen Stufe platziert. Eine Zeichnung in der Zeitschrift *Punch* vom 23. November 1861, zeigt einen Iren, der die Fotografie eines Gorillas betrachtet unter der Überschrift, „der neue fotografische Spiegel".

15 Es gab viel Scheinheiligkeit in den Zeitungen und Zeitschriften dieser Zeit. Die *Photographic News vom* 14. November 1879 bestritt die natürliche Nacktheit des Zulu und schrieb: „Sollte es ein Gentleman zu zulassen, ein Bild seiner Frau auch nur in der Nähe dieser Porträts von halbnackten Schauspielerinnen und völlig nackten Zulufrauen ausstellen zu lassen, kann er nur wenig Respekt vor sich selbst, vor ihr oder vor seiner Stellung haben."

16 *Siehe* Robert Sobieszek, *The Art of Persuasion: A History of Advertising Photography*, New York, 1988, S. 16–35. Der Autor führt aus, dass es das die Werbefotografie im modernen Sinne erst seit den 20er-Jahren des 20. Jahrhunderts gibt.

17 Bayards Erfindung war, wie die von Talbot, ein Verfahren auf Papier, aber anders als die von Talbot, die auf Positivabzügen von Papiernegativen beruhte, entwickelte er direkte Positivbilder, die per Definition Unikate waren. Der Wissenschaftler François Arago, der Daguerre als den eigentlichen Erfinder der Fotografie pries, gab sein Bestes, um Bayard in den Schatten zu rücken.

18 Eine exzellente Sammlung von erotischen Abbildungen findet man in *Die Erotische Daguerréotype: Sammlung Scheid*, mit einer Einführung von Grant Romer, Freiburg: Weingarten, 1990.

19 Eine hervorragende Abhandlung über den Akt im 19. Jahrhundert bis zur Ära der Piktorialisten in: *L'art du nu au XIXe siècle: le photographe et son modèle*, Paris, 1997.

20 *Siehe* William A. Ewing, *The Photographic Art of Hoyningen-Huene*, London, 1986.

21 Eine schön illustrierte Anthologie zu diesem Thema ist Maria Morris Hambourg und Christopher Phillips, *The New Vision: Photography between the World Wars*, New York, 1989.

22 *International Herald Tribune*, 20. Februar 1949.

23 Eine erhellende Beschreibung dieser Abbildungstechniken und eine umfassende Darstellung der Geschichte der Mikroskope seit der Renaissance in: Jeremy Burgess, Michael Marten und Rosemary Taylor, Microcosmos, Cambridge, 1987.

24 Eine Untersuchung zu diesem Thema in: Nancy Hall-Duncan, *The Art of Fashion Photography*, New York, 1978.

25 *Requiem: by the photographers who died in Vietnam and Indochina*, herausgegeben von Horst Faas und Tim Page, London, 1997.

26 Einen Überblick über diese Bewegung bei Paul Schimmel und andere, *Out of Actions: Between Performance and the Object 1949–1979*, The Greffen Contemporary at The Museum of Contemporary Art, Los Angeles, 2. Februar – 10. Mai 1998, New York, 1998.

27 Zur Vertiefung dieses Themas *siehe* William A. Ewing, *The Fugitive Gesture: Masterpieces of Dance Photography*, New York und London, 1987.

28 *Visible Human Project*, National Library of Medicine / National Institutes of Health, Rockville Pike, Maryland, 1986, http://www.nlm.nih.gov/pubs/factsheets/visible_human.html

Textseiten mit Abbildungen

2 Courtesy The artist, Lausanne; © 1997 Olivier Christinat. **6** Courtesy Musée Nicéphore Niépce, Chalon-sur-Saône; © 1961 Pierre Boucher. **9** Courtesy The artist, London; © 1991–92 Andrew Sabin. **10** Courtesy The artist, St-Aubin; © 2000 Yves André. **12** Courtesy Staley-Wise, Inc., New York; © 1962 Bert Stern. **14** Courtesy Keystone, Zürich. **17** Courtesy Société Française de Photographie, Paris; © All rights reserved. **18** Courtesy National Gallery of Canada, Ottawa; © All rights reserved. **19** Courtesy Nicolas Crispini Collection, Geneva. **20** Courtesy Estate of Barbara Morgan, Hastings-on-Hudson, New York; © Estate of Barbara Morgan. **21, 22** Courtesy Uwe Scheid Collection, Überherrn / Saar. **25** Courtesy The artist, London; © 1996 Melanie Manchot. **26, 27** Courtesy Zabriskie Gallery, New York; © 1975, 1999 Nicholas Nixon. **28** Courtesy The artist, London; © 1996 Nicholas Sinclair (Outfit by Anthony Gregory). **28** Courtesy PPOW Gallery, New York; © 1997 Gary Schneider.

Bildtafeln

1 Courtesy Nicolas Crispini Collection, Genf; © All rights reserved. **2** Courtesy National Gallery of Canada, Ottawa. **3** Courtesy Musée de l'Elysée, Lausanne; © Reprinted with permission of Joanna T. Steichen. **4** Courtesy The Wellcome Library, London. **5** Courtesy Fotomuseum, Münchner Stadtmuseum, München. **6** Courtesy Keystone, Zürich. **7** Courtesy Burns Collection Ltd, New York; © Stanley B. Burns, M. D. und the Burns Archive. **8** Courtesy Uwe Scheid Collection, Überherrn / Saar. **9** Courtesy Musée de l'Elysée, Lausanne. **10** Courtesy Nicolas Crispini Collection, Genf. **11** Courtesy National Gallery of Canada, Ottawa, with permission of Fraenkel Gallery, San Francisco; © Lee Friedlander. **12** Courtesy Musée de l'Elysée, Lausanne. **13** Courtesy National Gallery of Canada, Ottawa; © All rights

Danksagungen

reserved. **14** Courtesy Burns Collection Ltd, New York; © Stanley B. Burns, M. D. und die Burns Archive. **15** Courtesy Musée national d'histoire et d'art, Luxemburg; © Reprinted with permission of Joanna T. Steichen. **16** Courtesy Kathryn Abbe, New York; © Estate of James Abbe. **17** Courtesy Uwe Scheid Collection, Uberherrn / Saar. **18** Courtesy Museum Ludwig, Köln; © 2000 ADAGP/Man Ray Trust, Paris, und Rheinisches Bildarchiv, Köln. **19** Courtesy Musée de l'Elysée, Lausanne. **20** Courtesy Gérard Lévy, Paris. **21** Courtesy Galerie Rudolf Kicken, Köln; © Galerie Rudolf Kicken, Köln, und Phyllis Umbehr, Frankfurt-am-Main. **22** Courtesy Galerie Berggruen, Paris. **23** Courtesy National Gallery of Canada, Ottawa, with permission of Die Photographische Sammlung / SK Stiftung Kultur-August Sander Archiv, Köln; © DACS, London 2000; ADAGP, Paris 2000; VG Bild-Kunst, Bonn 2000. **24** Courtesy National Gallery of Canada, Ottawa; © Ervina Boková-Drtikolová, Podebrady. **25** Courtesy Paul Strand Archive of Aperture Foundation, Inc., Millerton; © 1976 Aperture Foundation Inc., Paul Strand Archive. **26** Courtesy Musée de l'Elysée, Lausanne. **27** Courtesy Imogen Cunningham Trust, Berkeley; © 1978 Imogen Cunningham Trust. **28** Courtesy The Metropolitan Museum of Art, New York; © The Metropolitan Museum of Art, Ford Motor Company Collection, Gift of Ford Motor Company und John C. Waddell, 1987 (1987.1100.144). **29** Courtesy Museum Ludwig, Köln; © 2000 ADAGP und Rheinisches Bildarchiv Köln. **30** Courtesy Max Kozloff, New York; © Gilberte Brassaï, Paris. **31** Courtesy Imogen Cunningham Trust, Berkeley; © 1970, 1989 Imogen Cunningham Trust. **32** Courtesy Private Collection, Cambridge; © Yorick Blumenfeld. **33** Courtesy Fotomuseum, Münchner Stadtmuseum, München. **34** Courtesy Collection Ann und Jürgen Wilde, Zülpich; © Werner Rohde, Collection Ann und Jürgen Wilde. **35** Courtesy *Vogue* Paris; © Hoyningen-Huene. **36** Courtesy The Metropolitan Museum of Art, New York; © The Metropolitan Museum of Art, Ford Motor Company Collection, Gift of Ford Motor Company und John C. Waddell, 1987 (1987.1100.15). **37** Courtesy Private Collection, New York. **38** Courtesy The Metropolitan Museum of Art, New York; © The Metropolitan Museum of Art, Ford Motor Company Collection, Gift of Ford Motor Company und John C. Waddell, 1987 (1987.1100.9). **39** Courtesy Musée de l'Elysée, Lausanne; © 1936 Rodschenko Archive, Moskau. **40** Courtesy Leni Riefenstahl Production, Pöcking; © 1936 Leni Riefenstahl. **41** Courtesy Museum Ludwig, Köln; © 1981 Arizona Board of Regents, Center for Creative Photography, Tucson, Arizona, und Rheinisches Bildarchiv, Köln. **42** Courtesy Bayerische Staatsbibliothek, München. **43** Courtesy Musée de l'Elysée, Lausanne; © 1939 Condé-Nast, Inc. (renewed 1967). **44** Courtesy Musée de l'Elysée, Lausanne; © The John und Annamaria Phillips Foundation. **45** Courtesy Fotomuseum, Münchner Stadtmuseum, München. **46** Courtesy Fondation Select, Boncourt; © 1948 George Rodger / Magnum Photos. **47** Courtesy Fondation Select, Boncourt, with permission of Staley-Wise, Inc., New York; © 1948 Estate of Louise Dahl-Wolfe. **48** Courtesy Musée de l'Elysée, Lausanne; © 1952 Gerhard Kiesling. **49** Courtesy Fondation Select, Boncourt, with permission of Bill Brandt Archive Ltd, London; © 1953 Bill Brandt. **50** Courtesy National Gallery of Canada, Ottawa, with permission of Howard Greenberg Gallery, New York; © 1955 Stuart Karu. **51** Courtesy The artist, New York; © 1963 Carolee Schneemann. **52** Courtesy Galerie Krinzinger, Wien; © 1965 – 66 Angelika Hausenblas. **53** Courtesy The artist, Pietrasanta; © 1968 Romano Cagnoni.

54 Courtesy Museum Ludwig, Köln, with permission of Goro International Press, Tokio; © 1968 Kishin Shinoyama und Rheinisches Bildarchiv, Köln. **55** Courtesy Pace/MacGill, New York; © 1968 Duane Michals. **56** Courtesy The artist, Wien; © 1969 Peter Hassmann, Wien, Archiv Valie Export. **57** Courtesy The artist, Batcombe, Somerset; © 1969 Don McCullin. **58** Courtesy Collection Alain Weill, Paris; © 1970 Ronald Haeberle, Life Magazine, Time Inc. **59** Courtesy Maison Européenne de la Photographie, Paris; © 2000 ADAGP/Françoise Molinier. **60** Courtesy Fondation Select, Boncourt, with permission of Keystone, Zürich; © 1972 Nick Ut/The Associated Press. **61** Courtesy Musée de l'Elysée, Lausanne. **62** Courtesy Albert Bonniers Förlag AB, Stockholm; © 1973 Lennart Nilsson. **63** Courtesy Maison Européenne de la Photographie, Paris; © 1969 – 1973 Richard Avedon. **64** Courtesy The artist, Topanga; © 1974 Chris Burden. **65** Courtesy Maison Européenne de la Photographie, Paris, with permission of Galerie Limmer, Köln; © 1977 Dieter Appelt. **66** Courtesy Fondation Select, Boncourt; © 1978 Leonard Freed/ Magnum Photos. **67** Courtesy Musée Nicéphore Niépce, Chalon-sur-Saône; © 1978 Charles Gatewood. **68** Courtesy The Andy Warhol Foundation for the Visual Arts, Inc., New York; © 1979 ProLitteris, Zürich. **69** Courtesy The artist und Metro Pictures, New York; © 1979 Cindy Sherman. **70** Courtesy The artist, New York; © 1980 Ralph Gibson. **71** Courtesy Maison Européenne de la Photographie, Paris; © 1981 Helmut Newton. **72** Courtesy Estate of Robert Mapplethorpe, New York; © 1982 Estate of Robert Mapplethorpe. Used with permission. **73** Courtesy The artist, New York; © 1982 Nancy Burson. **74** Courtesy Fraenkel Gallery, San Francisco; © 1983 Lee Friedlander. **75** Courtesy Keystone, Zürich. **76** Courtesy The artist, Seyssel; © 1984 Ilan Wolff. **77** Courtesy The artist, Lissabon; © 1986 Miguel Ribeiro. **78** Courtesy Galerie Liliane & Michel Durand-Dessert, Paris; © 1988 – 89 Balthasar Burkhard. **79** Courtesy Galerie Friedman-Guinness, Frankfurt, und the Estate of Helen Chadwick. **80** Courtesy Barry Friedman Ltd, New York; Nathalie C. Emprin, Paris; Photo & Co., Turin; © 1989 Arno Rafael Minkkinen. **81** Courtesy The artist, Moutier; © 1989 – 90 Gérard Lüthi. **82** Courtesy Steven Kasher Gallery, New York; © 1989 – 97 Max Aguilera-Hellweg. **83** Courtesy Edwynn Houk Gallery, New York; © 1989 Sally Mann. **84** Courtesy Galerie Liliane & Michel Durand-Dessert, Paris; © 1990 Patrick Tosani / 2000 ADAGP. **85** Courtesy Fotomuseum, Winterthur, with permission of Photo-Planète Co., Ltd, Tokyo, und Galerie Bob van Orsouw, Zürich; © 1991 Nobuyoshi Araki. **86** Courtesy Paula Cooper Gallery, New York; © 1992 Andres Serrano. **87** Courtesy The artist, Amsterdam; © 1992 Rineke Dijkstra. **88** Courtesy The artist, New York; © 1992 John Coplans. **89** Courtesy The artist, London; © 1994 David Hiscock. **90** Courtesy The artist, New York; © 1995 Lois Greenfield. **91** Courtesy Stefan Stux Gallery, New York; © 1995 Manabu Yamanaka. **92** Courtesy The artist, London; © 1995 Mona Hatoum. **93** Courtesy The artists, Kirchheim / Teck; © 1996 Friederike van Lawick und Hans Müller. **94** Courtesy The artist, Zürich; © 1996 – 98 Daniele Buetti. **95** Courtesy Galerie Françoise Paviot, Paris; © 1997 Ann Mandelbaum. **96** Courtesy The artist, London; © 1997 Ralph T. Hutchings. **97** Courtesy Galerie Dorothée de Pauw, Brüssel; © 1998 Jock Sturges. **98** Courtesy Galerie Baudoin Lebon, Paris; © 1998 Joel-Peter Witkin. **99** Courtesy The artists, New York; © 1999 Aziz + Cucher. **100** Courtesy PPOW Gallery, New York; © 2000 Gary Schneider.

Das Musée de l'Elysée möchte den vielen Museen, Galerien, öffentlichen Sammlungen, privaten Sammlungen und den einzelnen Fotografen danken, die geholfen haben, diese Veröffentlichung zu ermöglichen. Das Buch wurde inspiriert von der Ausstellung „Das Jahrhundert des Körpers: Fotoarbeiten von 1900 – 2000", von der Culturgest, Lissabon, veranstaltet und dem Musée de l'Elysée, Lausanne, produziert. Es ist daher angemessen all die Personen hier zu erwähnen, die dafür verantwortlich waren, dieses ambitionierte Projekt zum Erfolg zu führen.

Kuratoren: William A. Ewing; Daniel Girardin; Christophe Blaser; Natalie Herschdorfer
Projektkoordinatoren:
Nathalie Herschdorfer; Raphaël Biollay
Recherche: Nassim Daghighian; Marco Constantini; Rachel Vez Fridrich
Registratur: Corinne Coendoz
Technische Organisation: André Rouvinez; Jean Clivaz; Michèle Guibert
Verwaltung: Béatrice Béguin
Assistenten: Marie-Claude Bouyal; Michèle Koller; Christine Giraud; Pascale Pahud; Yves Wagner; Nathalie Choquard; Bernadette Theurillat; Gabriela Schuepbach; Georges Focseneanu; Mafred Bathke
Organisation: Isabelle Burgy; Christina Natlacen
Layout und Gestaltung: Valérie Giroud
Reproduktionen:
La Chambre Claire, Neuchâtel

Darüber hinaus möchten wir folgenden Institutionen für ihre Unterstützung danken: The Leenaards Foundation, Lausanne; Culturgest, Lissabon; The British Council, London; The Henry Moore Foundation, Hertfordshire; Pro Helvetia (Kulturkommission der Schweiz), Zürich; der Kulturverwaltung des Kantons Vaud und The Elysée Foundation Lausanne

Register